Dejando un rastro
Curso de la Especialidad Ministerio Juvenil

Iglesia del Nazareno
Región Mesoamérica

Milton Gay
Coordinador General de la Especialidad

Dejando un rastro
Libro de la serie "Escuela de Liderazgo"
Especialidad Ministerio Juvenil

Coordinador General de la Especialidad: Milton Gay
Asistente: Odily Diaz

Autores:
Magdiel Martínez (Lección 1)
Ismael Martínez (Lección 2)
Ricardo Aguinaga (Lección 3)
Claudia Rodríguez (Lección 4)
Adriana Gómez (Lección 5)
Arely Coyoc (Lección 6)
Josué Jiménez (Lección 7)
Walter López (Lección 8)

Edición: Dra. Mónica E. Mastronardi de Fernández
Revisor: Dr. Rubén E. Fernández

Material producido por EDUCACIÓN Y DESARROLLO PASTORAL de la Iglesia del Nazareno, Región Mesoamérica - www.edunaz.org
Dirección postal: Apdo. 3977 – 1000 San José, Costa Rica, América Central.
Teléfono (506) 2285-0432 / 0423 - Email: EL@mesoamericaregion.org

Publica y distribuye Asociación Región Mesoamérica
Av. 12 de Octubre Plaza Victoria Locales 5 y 6
Pueblo Nuevo Hato Pintado, Ciudad de Panamá
Tel. (507) 203-3541 - E-mail: literatura@mesoamericaregion.org

Copyright © 2017 - Derechos reservados
Queda prohibida la reproducción parcial o total, por cualquier medio, sin el permiso escrito de Educación y Desarrollo Pastoral de la Iglesia del Nazareno, Región Mesoamérica. www. mesoamericaregion.org

Todas las citas son tomadas de la Nueva Versión Internacional 1999 por la Sociedad Bíblica Internacional, a menos que se indique lo contrario.

Diseño de portada: Juan Manuel Fernández (www.juanfernandez.ga)

Imagen de portada por las - Initially.
Utilizada con permiso (Creative Commons).
Imágenes interiores usadas con permiso (Creative Commons).

Impresión Digital

Índice de las lecciones

Lección 1	Cada día más por conocer	9
Lección 2	Una vida de servicio	17
Lección 3	Un líder muy cercano	23
Lección 4	Liderazgo que se multiplica	31
Lección 5	Agentes de paz	39
Lección 6	Todos somos necesarios	47
Lección 7	Peligros en el liderazgo	55
Lección 8	Resolución de conflictos	63

Presentación

La serie de libros Escuela de Liderazgo ha sido diseñada con el propósito de proveer una herramienta a la iglesia para la formación, capacitación y entrenamiento de sus miembros a fin de integrarlos activamente en el servicio cristiano conforme a los dones y el llamado (vocación) que han recibido de su Señor.

Cada uno de los libros provee el material de estudio para un curso del programa Escuela de Liderazgo patrocinado por las Instituciones Teológicas de habla hispana de la Región Mesoamérica de la Iglesia del Nazareno. Éstas son: IBN (Cobán, Guatemala); STN (Ciudad de Guatemala); SENAMEX (Ciudad de México, México); SENDAS (San José, Costa Rica); SND (Santo Domingo, República Dominicana) y SETENAC (La Habana, Cuba). Un buen número de los y las líderes de estas instituciones (rectores, directores, vicerrectores y directores de estudios descentralizados) participaron activamente en el diseño del programa.

La Escuela de Liderazgo cuenta con cinco Cursos Básicos, comunes a todos los ministerios, y seis Cursos Especializados para cada ministerio, al final de los cuáles la Institución Teológica respectiva le otorga al estudiante un certificado (o diploma) en Ministerio Especializado.

El objetivo general de la Escuela de Liderazgo es: "Colaborar con la iglesia local en el equipamiento de los "santos para la obra del ministerio", cimentando en ellos un conocimiento bíblico teológico sólido y desarrollándolos en el ejercicio de sus dones para el servicio en su congregación local y en la sociedad." Los objetivos específicos de este programa son tres:

- Desarrollar los dones del ministerio de la congregación local.
- Multiplicar ministerios de servicio en la iglesia y la comunidad.
- Despertar la vocación al ministerio profesional diversificado.

El objetivo de esta Especialidad titulada "Ministerio Juvenil" es el de capacitar a los líderes emergentes, que desean participar en el cumplimiento de nuestra misión de "llamar a nuestra generación a una vida dinámica en Cristo". Las lecciones en estos seis libros han sido escritas por líderes juveniles con experiencia a lo largo de la región de Mesoamérica y es el deseo de los autores que cada estudiante reciba una visión enriquecida sobre la cultura juvenil, consejería, trabajo en equipo y otros temas de importancia. Deseamos que Dios sea glorificado a través de estos cursos y que cada estudiante crezca en su preparación, extendemos un agradecimiento especial a los licenciados Yeri Nieto, Josué Villatoro y Odily Díaz por su esfuerzo y dedicación en este proyecto.

Agradecemos a la Dra. Mónica Mastronardi de Fernández por su dedicación como Editora General del proyecto, a los Coordinadores Regionales de Ministerios y al equipo de escritores y diseñadores que colaboraron para la publicación de estos libros. Agradecemos de igual manera a los profesores y profesoras que compartirán estos materiales. Ellos y ellas harán la diferencia en las vidas de miles de personas a lo largo y ancho de Mesoamérica.

Finalmente, no podemos dejar de agradecer al Dr. Rubén Fernández, Coordinador de Educación y Desarrollo Pastoral por el impulso dado a la publicación de estos materiales, y al Dr. L. Carlos Sáenz, Director Regional MAR, por su respaldo permanente en esta tarea, fruto de su convicción de la necesidad prioritaria de una iglesia equipada de manera integral.

Oramos por la bendición de Dios para todos los discípulos y todas las discípulas cuyas vidas y servicio cristiano serán enriquecidos por estos libros.

Rev. Milton Gay
Coordinador de Juventud Nazarena Internacional
Región Mesoamérica

¿Qué es la Escuela de Liderazgo?

Escuela de Liderazgo es un programa de educación para laicos en las diferentes especialidades ministeriales para involucrarlos en la misión de la iglesia local. Este programa es administrado por las Instituciones Teológicas de la Iglesia del Nazareno en la Región Mesoamérica e impartido tanto en sus sedes como en las iglesias locales inscriptas.

¿Para quiénes es la Escuela de Liderazgo?

Para todos los miembros en plena comunión de las iglesias del nazareno quienes habiendo participado en los niveles B y C del programa de discipulado, desean de todo corazón descubrir sus dones y servir a Dios en su obra.

Plan ABCDE

Para contribuir a la formación integral de los miembros de sus iglesias, la Iglesia del Nazareno de la Región Mesoamérica ha adoptado el plan de discipulado ABCDE, y desde el año 2001 ha iniciado la publicación de materiales para cada uno de estos niveles. La Escuela de Liderazgo corresponde al Nivel D del plan de discipulado ABCDE y ha sido diseñada para aquellos que ya han pasado por los anteriores niveles de discipulado.

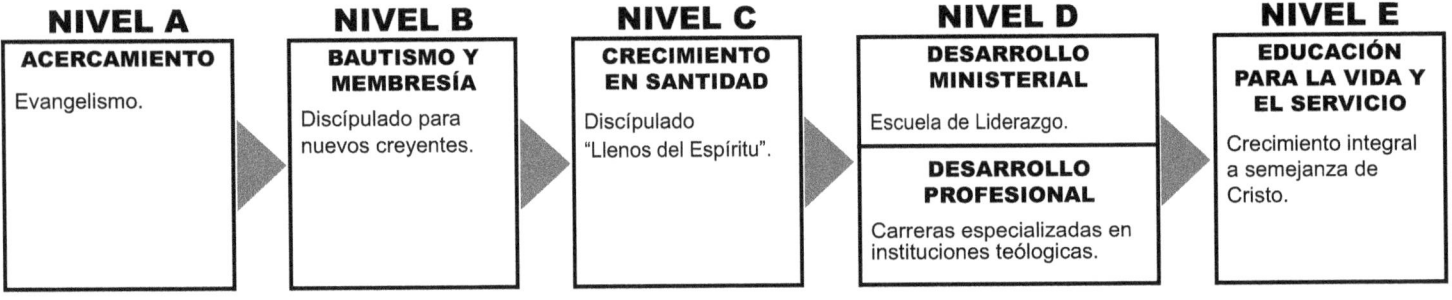

En la Iglesia del Nazareno creemos que hacer discípulos a imagen de Cristo en las naciones es el fundamento de la obra misional de la Iglesia y responsabilidad de su liderazgo (Efesios 4:7-16). La labor de discipulado es continua y dinámica, es decir el discípulo nunca deja de crecer a semejanza de su Señor. Este proceso de crecimiento, cuando es saludable, ocurre en todas dimensiones: en la dimensión individual (crecimiento espiritual), en la dimensión corporativa (incorporación a la congregación), en la dimensión santidad de vida (transformación progresiva de nuestro ser y hacer conforme al modelo de Jesucristo) y en la dimensión servicio (invertir la vida en el ministerio).

Dra. Mónica Mastronardi de Fernández
Editora General Libros de Escuela de Liderazgo

¿Cómo usar este libro?

Este libro contiene las ocho lecciones de un curso del programa Escuela de Liderazgo con sus actividades y la evaluación final del curso.

¿Cómo están organizados los contenidos de este libro?

Cada una de las ocho lecciones de este libro contiene lo siguiente:

> **Objetivos:** estos son los objetivos de aprendizaje que se espera que el alumno alcance al terminar el estudio de la lección.

> **Ideas Principales:** Es un resumen de las enseñanzas claves de la lección.

> **Desarrollo de la lección:** Esta es la sección más extensa pues es el desarrollo de los contenidos de la lección. Estas lecciones se han escrito pensando en que el libro es el maestro, por lo que su contenido se expresa en forma dinámica, en lenguaje sencillo y conectado con las ideas del mundo contemporáneo.

> **Notas y comentarios:** Los cuadros al margen tienen el propósito de aclarar términos y proveer notas que complementan o amplían el contenido de la lección.

> **Preguntas:** En ocasiones se incluyen preguntas al margen que el profesor puede usar para introducir, aplicar o reforzar un tema de la lección.

> **¿Qué aprendimos?:** En un recuadro que aparece al final del desarrollo de la lección se provee un resumen breve de lo aprendido en la misma.

> **Actividades:** Esta es una página al final de cada lección que contiene actividades de aprendizaje individuales o grupales relativas al tema estudiado. El tiempo estimado para su realización en clase es de 20 minutos.

> **Evaluación final del curso:** Esta es una hoja inserta en la última página del libro y que una vez completada el alumno debe separar del libro y entregar a profesor del curso. La duración estimada para esta actividad de reforzamiento final es de 15 minutos.

¿Cuánto dura cada curso?

Los cursos están diseñados para 12 horas de clase presencial repartidas en 8 sesiones de 90 minutos. Los días y horarios serán coordinados por cada Institución Teológica y cada iglesia o centro local de estudios. Dentro de esta hora y media el profesor o la profesora debe incluir el tiempo para las actividades contenidas en el libro.

¿Cuál es el rol del alumno?

El alumno es responsable de:

1. Matricularse a tiempo en el curso.
2. Adquirir el libro y estudiar cada lección antes de la clase presencial.
3. Asistir puntualmente a las clases presenciales.
4. Participar en las actividades en clase.
5. Participar en la práctica ministerial en la iglesia local fuera de clase.
6. Completar la evaluación final y entregarla al profesor.

¿Cuál es el rol del profesor del curso?

Los profesores y las profesoras para los cursos de Escuela de Liderazgo son pastores/as y laicos comprometidos con la misión y ministerio de la iglesia y de preferencia que cuentan con experiencia en el ministerio que enseñan. Ellos son invitados por el/la Director/a de Escuela de Liderazgo de la iglesia local (o Institución Teológica) y sus funciones son:

1. Prepararse con anterioridad estudiando el contenido del libro y programando el uso del tiempo en la clase. Al estudiar la lección debe tener a mano la Biblia y un diccionario. Aunque en las lecciones se usa un vocabulario sencillo, se recomienda "traducir" lo que se considere difícil de entender a los alumnos y alumnas, o sea, poner la lección en el lenguaje que ellos y ellas comprenden mejor.

2. Velar para que los/as alumnos/as estudien el material del libro y alcancen los objetivos de aprendizaje.

3. Planear y acompañar a los estudiantes en las actividades de práctica ministerial. Estas actividades deben programarse y calendarizarse junto al pastor local y el/la director/a del ministerio respectivo. Para estas actividades no debe descontarse tiempo a las clases presenciales.

4. Llevar al día la asistencia y las calificaciones en el formulario de Informe de clase. El promedio final será el resultado de lo demostrado por el/la estudiante en las siguientes actividades:

   a. Trabajo en clase

   b. Participación en la práctica ministerial fuera de clase.

   c. Evaluación final

5. Recoger las hojas de "Evaluación", entregarlas junto al formulario "Informe de clase" al finalizar el curso al/ a la director/a de Escuela de Liderazgo local, esto después de evaluar, cerrar los promedios y verificar que todos los datos estén completos en el formulario.

6. Los profesores y las profesoras no deben agregar tareas de estudio o lecturas aparte del contenido del libro. Sí deben ser creativos/as en el diseño de actividades de aprendizaje en clase y en planear actividades ministeriales fuera de clase conforme a la realidad de su iglesia local y su contexto.

¿Cómo enseñar una clase?

Se recomienda usar los 90 minutos de cada clase presencial de la siguiente manera:

- **5 minutos:** Enlace con el tema de la lección anterior y orar juntos.

- **30 minutos:** Repaso y discusión del desarrollo de la lección. Se recomienda usar un bosquejo impreso, pizarra o cartulina u otro disponible, usar dinámicas de aprendizaje y medios visuales como gráficos, dibujos, objetos, láminas, preguntas, asignar a los alumnos que presenten partes de la lección, etc. No se recomienda usar el discurso o que el maestro lea nuevamente el contenido de la lección.

- **5 minutos:** Receso ya sea en el medio de la clase o cuando sea conveniente hacer un corte.

- **20 minutos:** Trabajo en las actividades del libro. Esto puede realizarse al inicio, en el medio o al final del repaso, o bien se pueden ir completando actividades a medida que avanzan en los temas y conforme aquellas se relacionan con los mismos.

- **20 minutos:** Discusión sobre la práctica ministerial que hicieron y que tendrán. Al inicio del curso se deberá presentar a los estudiantes el calendario de la práctica del curso para que ellos hagan los arreglos para poder asistir. En las clases donde se hable sobre la práctica que ya hicieron, la conversación debe ser dirigida para que los alumnos compartan lo que aprendieron; tanto de sus aciertos, como de sus errores, así como de las dificultades que se presentaron.

- **10 minutos:** Oración por los asuntos surgidos de la práctica (desafíos, personas, problemas, metas, agradecimiento por los resultados, entre otros).

¿Cómo hacer la evaluación final del curso?

Asigne 15 minutos de tiempo a los y las estudiantes en la última clase del curso. Si fuera necesario ellos y ellas pueden consultar sus libros y Biblias. Las evaluaciones finales se han diseñado para ser una actividad de reforzamiento de lo aprendido en el curso y no una repetición memorística de los contenidos del libro. Lo que se propone con esta evaluación es medir la comprensión y la valoración del estudiante hacia los temas tratados, su crecimiento espiritual, su progreso en el compromiso con la misión de la iglesia local y su avance en experiencia ministerial.

Actividades de práctica ministerial

Las siguientes son actividades sugeridas para la práctica ministerial fuera de clase. En la lista abajo se incluyen varias ideas pra ayudar a los profesores, pastores, director de Escuela de Liderazgo local y directores locales de ministerio. Entre ellas se puede escoger la que más se adapte a la realidad contextual y el ministerio de la iglesia local o bien pueden ser reemplazadas por otras conforme a las necesidades y posibilidades.

Se recomienda tener no menos de tres actividades ministeriales por curso. Puede poner a toda la clase a trabajar en un mismo proyecto o asignar tareas en grupos según sus intereses, dones y habilidades. Es recomendable involucrar a los alumnos y alumnas en una variedad de experiencias ministeriales que sean nuevas para ellos y ellas.

Actividades ministeriales sugeridas para el curso
Dejando un rastro

1. Realizar una investigación para descubrir los libros sobre liderazgo juvenil disponibles en las librerías cristianas en su contexto y un presupuesto para iniciar una Biblioteca Juvenil en su iglesia local. Puede incluir libros que sean gratuitos y descargables del internet. En ese caso el presupuesto incluirá la impresión y empaste de los materiales. Los libros deben ser examinados a fin de que sean compatibles con la doctrina de la iglesia.

2. Realizar una actividad como venta de comidas a fin de recaudar fondos para apoyar el proyecto Biblioteca Juvenil.

3. Organizar un desayuno o tarde de café invitando a líderes de ministerios juveniles del distrito u otras iglesias para tener una mesa redonda. Los expositores compartirán consejos sobre: ¿Qué se necesita para ser un buen mentor o mentora de los jóvenes?

4. Organizar una actividad con el lema "Construyendo la paz en mi comunidad". El objetivo será identificar aquellas cuestiones que crean violencia y enemistades en el contexto y pensar maneras de contribuir a construir paz. La actividad puede ser sólo para jóvenes o incluir a toda la iglesia y los vecinos.

5. Representar por medio de un drama el tema: "Somos únicos, talentosos y necesarios en el equipo de Jesús". Puede ser presentado en un culto de adoración o para los niños de la Escuela Dominical.

6. Organizar una comida y/o culto en homenaje a los líderes pastores o laicos influyentes en la historia de la iglesia local. Incluya a los que ya son ancianos. Investiguen y presenten de manera atractiva sus historias de vida y servicio.

Lección 1

CADA DÍA MÁS POR CONOCER

Objetivos

- Comprender que el liderazgo debe ser un camino de búsqueda constante.
- Tomar conciencia de que nunca se deja de aprender.
- Adoptar un proceso sencillo de investigación.

Ideas Principales

- Dios nos creó como seres limitados, pero con la capacidad de investigar.
- Para aprender algo nuevo, necesitamos la capacidad de desaprender.

Desaprender: Olvidar lo que se había aprendido.

Introducción

La realidad del liderazgo es que desconocemos más de lo que conocemos, por ello se hace necesario que podamos contar con herramientas que nos ayuden a investigar. Cada día lo hacemos de forma inconsciente, desde que nos levantamos buscamos saber la hora, o cuando nos dejan tareas en la escuela o al inicio de un nuevo proyecto.

En esta lección presentaremos un proceso que nos ayudará a realizar la investigación de una forma sistemática. Podremos aprenderlo, adoptarlo y, de ser necesario, adaptarlo a nuestras propias necesidades específicas. Solo al practicarlo una y otra vez se volverá algo natural y efectivo para el ejercicio del ministerio, como la respiración.

El liderazgo es una oportunidad

En la siguiente sección definiremos qué es aprender.

Cierto refrán dice: "Ignorar para preguntar, y preguntar para saber". ¡Eso es aprender! Cada persona que está en el liderazgo necesita reconocer cuándo no sabe algo o no cuenta con las habilidades requeridas para lograr ciertas tareas. El liderazgo en esencia se define como "influencia", por lo tanto, solo cuando somos humildes transmitimos a nuestro equipo de trabajo esta cualidad, y generamos un ambiente saludable para la exploración de nuevas formas de realizar los planes. Pero hace falta algo más: la capacidad de "desaprender", porque la única forma de aprender algo es despojándonos de aquellas formas y procesos por los que hemos realizado de forma tradicional nuestros planes.

No se trata de desechar las formas tradicionales solo porque son tradicionales, sino más bien la búsqueda de ser más eficientes en el ejercicio de nuestro ministerio, sin caer en el pragmatismo irracional ("el fin justifica los medios") o incluso antibíblico.

Según la Real Academia Española, la definición de investigar es: "Hacer diligencias para descubrir algo. Realizar actividades intelectuales y experimentales de modo sistemático con el propósito de aumentar los conocimientos sobre una determinada materia". La habilidad de investigar es esencial para el crecimiento del líder, pues se enfrentará a diferentes retos y desafíos, dificultades y cuestionamientos, y necesitará buscar la información elemental para superar los mismos.

Un proceso sencillo de investigación sería así:

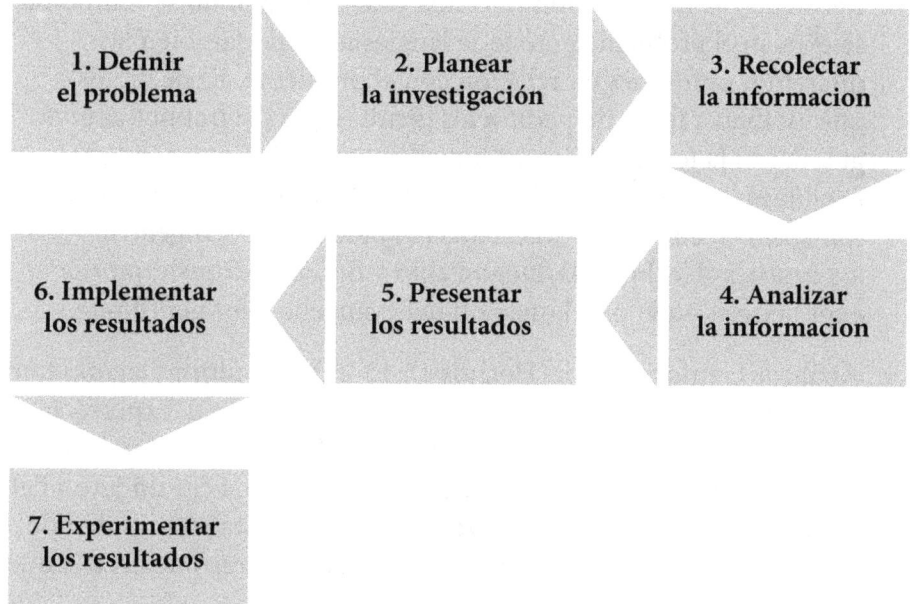

Existen, por supuesto, otros modelos para el proceso de investigación, sin embargo este nos será de gran utilidad. Hagamos una aplicación de este modelo en una situación específica.

Ejemplo de investigación bíblica

A continuación, estudiaremos un caso bíblico.

Podemos ver aplicado el proceso de investigación en una historia bíblica. Recordemos que el objetivo de la investigación es "descubrir algo", este algo debe estar claramente definido, y el resultado inicial es nueva información, que en última instancia nos lleve a la aplicación y transformación.

La historia escogida se encuentra en el libro de los Hechos, capítulo 15. Lo primero es tomarse el tiempo para leer el pasaje completo que narra que Pablo y Bernabé han estado predicando el evangelio a los gentiles, y surge una tensión entre ellos y otros predicadores que están diciendo a los gentiles que necesitan pasar por el rito judío de la circuncisión y obedecer todas las leyes ceremoniales de Moisés para ser discípulos de Jesús.

1. Definir el problema (Hechos 15:1-2). En la Iglesia de Antioquía se manifestó un problema: Al parecer, había dos expresiones del evangelio y, por lo tanto, dos tipos de cristianismo. Para definir el problema la pregunta aquí sería: ¿Cuál era el verdadero evangelio?

Circuncisión:
Cirugía para quitar el prepucio, la piel que cubre la punta del pene. En la religión judía se practica en los bebés varones a los 8 días de vida.

Lección 1 - Cada día más por conocer

2. Planear la investigación (Hechos 15:2-5). Pablo y Bernabé viajaron a Jerusalén para consultar el tema con los apóstoles, los ancianos y la iglesia; y se reunieron para tratar el asunto y resolver el problema en cuestión. Notemos que en esta reunión aún existió cabida para los fariseos que habían creído en Jesús (v. 5).

3. Recolectar la información (Hechos 15:6-21). Cuando se reunieron se expuso el problema ante toda la iglesia, como también las diferentes opiniones en relación con el problema. Es decir, los que estaban a favor de pedir a los gentiles que se circuncidaran y guardaran la ley de Moisés, y aquellos que creían que con la sola fe en Jesús era suficiente. Pedro se levantó y expuso su opinión tomando en cuenta su experiencia al predicar el evangelio a los gentiles (Hechos 10), luego Pablo y Bernabé expusieron sus experiencias en la proclamación del evangelio a los gentiles.

4. Analizar la información (Hechos 15:13-21). Por último Jacobo tomó la palabra y citó la profecía de Oseas 9:11-12. Al final, expresó su propia conclusión. Jacobo, el hermano de Jesús y líder clave en la iglesia de Jerusalén; no solo era cristiano, sino que era un judío fiel a las leyes de Moisés, su liderazgo era clave en esta comunidad de fe, por ello le vemos en primera plana, dando la resolución a la que llegó.

5. Presentar los resultados (Hechos 15:28-29). Cuando Jacobo presentó su resolución, los allí presentes concordaron con él. El resultado presentado fue el siguiente: *"Porque ha parecido bien al Espíritu Santo, y a nosotros, no imponeros ninguna carga más que estas cosas necesarias: que os abstengáis de lo sacrificado a ídolos, de sangre, de ahogado y de fornicación; de las cuales cosas si os guardareis, bien haréis. Pasadlo bien"* (Hechos 15:28-29, RV 1960).

6. Implementar los resultados (Hechos 15:22-27). En este caso la implementación comenzó con la selección de un grupo de mensajeros y la redacción de una carta con la resolución del problema que fue enviada a las iglesias cristianas gentiles, señalándoles cuáles eran los asuntos que debían observar en referencia a la ley de Moisés. Esto puso fin al problema que se había suscitado en la Iglesia de Antioquía (W. Barclay).

7. Experimentar los resultados (Hechos 15:35). Pablo y Bernabé se fueron a Antioquía para completar su trabajo evangelizador y misionero con libertad, pues la resolución del problema les creaba un ambiente propicio para hacerlo con mayor efectividad.

(En los versículos 36-41 puede verse que los problemas y retos siempre estarán presentes en la iglesia.)

> *Hechos 15: 36-41 demuestra que los problemas y retos siempre estuvieron presentes en la iglesia primitiva. Así también será para los líderes de la iglesia en el presente y el futuro.*

Análisis de la investigación

En esta sección repasemos el proceso.

Investigar es un proceso sencillo, pero hay que ir completando sus 7 pasos y recordarlos. Podemos usar este proceso en diferentes tipos de investigaciones, desde la preparación de una lección bíblica o un sermón, hasta el planteamiento de un proyecto general para la iglesia. Hagamos un análisis del proceso que se ha realizado en Hechos 15.

1) Cuando definimos el problema generamos el marco concreto de nuestra investigación para ir directamente a la raíz del asunto a tratar. Notemos en el ejemplo tomado de Hechos 15 que el problema era el evangelio que se predicaba y por lo tanto el tipo de cristianismo que se viviría. Podría perderse tiempo en confrontaciones personales, en discusiones sobre las personas que llevaban dichos mensajes, pero ello no resolvería el problema, era necesario definir lo que en verdad era el evangelio.

2) Después, no bastaba con las opiniones de Pablo y Bernabé, se requería la intervención de aquellos quienes habían estado con Jesús, el Señor y maestro, para que ellos aportaran sus experiencias y las enseñanzas de Jesús. Por eso se reunieron en Jerusalén, esto es parte del plan de investigación.

3) Estando en Jerusalén, en este primer concilio de la iglesia cristiana, se recolectó la información necesaria de ambas partes (los cristianos con tendencia farisaica y los apóstoles Pablo, Bernabé y Pedro (quienes creían que no era necesario que los gentiles observaran la circuncisión y las leyes de Moisés).

4) El concilio analizó la información expuesta ante ellos, y por boca de Jacobo, quien era un judío practicante y fiel a la ley de Moisés, expuso a la audiencia su conclusión, presentando el resultado obtenido en este concilio.

5) Luego comisionaron a un grupo de hermanos para llevar a las iglesias gentiles la resolución.

6) Por último, observamos a Silas, Pablo y Bernabé experimentando los resultados, al dar a conocer estas resoluciones en todas las iglesias a las que volvieron.

¿Puedes memorizar los 7 pasos del proceso de investigación y escribirlos en una lista?

"Hoy en día la Biblia sufre más a menudo por sus exponentes que por sus oponentes" (Leonard Ravenhill).

Otra aplicación del proceso

Veamos un ejemplo.

Vamos a aplicar el proceso en un ejemplo que nos ayudará en el ejercicio del liderazgo.

Lección 1 - Cada día más por conocer

El pastor Juan le pide a un joven que exponga al grupo de jóvenes sobre el tema "la deidad de Jesús. Pero este tema le resulta no del todo conocido, ya que solo conoce algunos pasajes bíblicos que le han presentado en algunas predicaciones o lecciones bíblicas, pero no tiene la preparación necesaria para exponer el tema; aquí está el problema, pero hay que definirlo.

Para definir el problema podríamos hacerlo con una pregunta: ¿Cómo puedo comprobar la deidad de Jesús?

Entonces planeamos la investigación: ¿A qué lugares, personas o fuentes de información recurriremos para poder resolver el problema que se nos presenta? Para empezar podríamos pedir la ayuda del pastor o algún maestro de Escuela Dominical, también podríamos recurrir a libros de apologética cristiana, algunas páginas del internet, dos o tres versiones de la Biblia que nos ayuden a comprender mejor ciertos pasajes que tratan el tema de la deidad de Jesús y buenos Comentarios Bíblicos sobre esos pasajes.

Apologética:
Conjunto de los argumentos que se exponen en apoyo de la verdad de una religión.

Luego planeamos las preguntas que nos dirijirán en la recolección de la información, por ejemplo: ¿Dijo Jesús ser Dios? ¿Los evangelios muestran a Jesús como Dios? ¿Los escritos de los apóstoles enseñaron sobre la deidad de Jesús? Así escribimos otras preguntas que nos guiarán en la búsqueda de la verdad sobre el tema.

A continuación recolectamos la información, hacemos las preguntas a las personas que hemos considerado nos ayudarán a definir el tema, leemos la Biblia buscando información, consultaremos los libros que hemos seleccionado, las páginas web, y recabamos toda la información posible.

Cabe señalar que también necesitaremos recolectar información contraria, que infunde dudas o que niega la divinidad de Jesús. Tomamos el tiempo para analizar la información recabada; aquí es de suma importancia comparar la información que está a favor y en contra en el tema en cuestión, ya que nos permitirá, al exponer el tema, también responder preguntas que la audiencia tendrá en referencia al tema, por haber estado expuesto a dicha información.

Analizamos los pasajes bíblicos, los comentarios recogidos por las personas entrevistadas, y los artículos y libros leídos.

Al terminar estos pasos es cuando comenzamos a construir nuestra presentación del tema, haciendo uso de otras herramientas como la homilética, tambien la exposición visual en PowerPoint (entre otros formatos que se pueden usar), para comunicar el resultado al cual se ha llegado.

La implementación de los resultados será la presentación del tema al grupo de jóvenes, que podría ser en forma de conferencia, panel de preguntas y respuestas, lección, sermón, entre otros. La presentación deberá llevar a los oyentes a tomar una decisión en referencia al tema: ¿Es Jesús Dios en verdad?

¿Qué implicaciones para nuestra vida existen si esto es verdad? ¿Las palabras de Jesús entonces equivalen a las de Dios? Estas preguntas nos ayudan a generar la aplicación del tema a la audiencia, es entonces cuando podremos experimentar los resultados.

***Homilética** es el arte y ciencia de predicar para comunicar el mensaje de la Palabra de Dios. Incluye la organización del material, la preparación del bosquejo y la entrega del mensaje.*

¿Qué Aprendimos?

El liderazgo es una oportunidad de influir en los demás y para ello requerimos ser humildes. El líder desconoce más de lo que conoce, por eso le es necesario un espíritu de investigación en su vida de manera permanente.

Lección 1 - Cada día más por conocer

Actividades

Tiempo 20'

INSTRUCCIONES:

1. Seleccione un tema del que tiene poco conocimiento.

_____

2. Comparta con sus compañeros el tema que ha seleccionado. Evalúen juntos si los temas escogidos son de interés a los jóvenes de su iglesia y contexto. Si el tema escogido resultara no ser atractivo, entonces escoja otro tema.

3. Realice sobre el tema escogido el proceso de investigación, paso a paso.

4. Comparta con tus compañeros las conclusiones a las que llegó por medio del proceso.

Lección 2

UNA VIDA DE SERVICIO

Objetivos
- Conocer ejemplos de líderes siervos en la Palabra.
- Comprender que el servicio es parte de nuestro estilo de vida cristiana.
- Valorar la actitud de siervo que debe tener todo líder cristiano.

Ideas Principales
- La vida cristiana es una vida de servicio a los demás, no podemos separar nuestro servicio a Dios de nuestro servicio al prójimo.
- Lo que importa es cuánto amor ponemos en el trabajo que realizamos para Dios y para los demás.
- El ministerio de Jesús fue exitoso en la tierra porque Él fue la persona que más sirvió a los demás y se entregó por ellos.

Introducción

Desde la perspectiva cristiana, un líder es un siervo en primer lugar. Un líder necesita primero aprender a servir antes de asumir una posición de liderazgo. Los líderes de Dios sirven porque están motivados por el amor hacia los demás y el agradecimiento que existe al Señor dentro de sus corazones, no para sobresalir. Jesucristo es el ejemplo perfecto de liderazgo de servicio. Él se humilló y se hizo siervo de todos.

En esta lección descubriremos como iniciarse en esta maravillosa vida, llena de posibilidades y oportunidades, sirviendo a Dios y a los demás.

Creados para servir

En esta sección veremos el propósito de nuestra vida.

"Quien no vive para servir, no sirve para vivir" (Madre Teresa de Calcuta).

Dice la Biblia: *"Porque por gracia ustedes han sido salvados mediante la fe; esto no procede de ustedes, sino que es el regalo de Dios; no por obras, para que nadie se jacte. Porque somos hechura de Dios, creados en Cristo Jesús para buenas obras, las cuales Dios dispuso de antemano a fin de que las pongamos en práctica"* (Efesios 2:8-10).

La peor condición de un ser humano es estar esperando siempre que le den, que le ayuden. Cada ser humano puede servir para algo, y mucho. No fuimos creados para nacer, crecer y luego morir; fuimos creados para servir en el hogar, iglesia y sociedad. Fuimos creados para servir a Dios, para servir a otros. ¡Qué bendición! Creados para ser siervos de Dios; no solamente los pastores, apóstoles, evangelistas y misioneros fueron llamados a ser siervos de Cristo, cada persona es llamada a ser un siervo o sierva de Dios (1 Corintios 12:27-28). En una iglesia se necesita servicio a los niños, a los adolescentes, para la visitación a los desanimados, para evangelizar, para alcanzar a los vecinos, familiares... en fin, hay muchas áreas de servicio. Todos somos llamados a servir a Dios, a cumplir una función en el cuerpo de Cristo que es la iglesia; si no cumplimos nuestra función en la tierra y en el reino de Dios, nos vamos a sentir vacíos.

Todos en la iglesia tenemos una función que cumplir. En una iglesia hay mucho para hacer. No hay función que sea menos valiosa o insignificante (1 Corintios 12:12-19). En el cuerpo humano el pulmón no podría decir que le den de baja o que lo envíen de vacaciones por un año; no puede renunciar a estar en el cuerpo porque no le gusta cierto órgano como vecino. En el reino de Dios no existen la renuncia ni las vacaciones prolongadas. Claro que es bueno descansar por un momento, pero no para toda la vida (Mateo 11:28-30).

Salvos para servir

En esta sección reflexionaremos sobre el plan de Dios para sus hijos e hijas.

¿Alguna vez has querido recompensar un favor que te han hecho? ¿En qué forma? El plan de Dios con la humanidad es grande, perfecto y eterno; luego de ser salvos Dios espera de nosotros un servicio especial en agradecimiento, el cuál debemos considerar un privilegio, ya que fuimos *"comprados por un precio. Por tanto, honren con su cuerpo a Dios"* (1 Corintios 6:20).

¿Alguna vez has querido recompensar un favor que te han hecho? ¿En qué forma?

Él no nos salvó para que estuviésemos quietos y sin hacer nada. Nos salvó para buenas obras. No que seamos salvos gracias a las buenas obras que hagamos sino que, las buenas buenas obras son el fruto, el resultado cuando recibimos a Jesucristo en nuestra vida. Si no sentimos esta inclinación a servir es porque realmente Cristo no ha entrado a nuestra vida.

No podemos conformarnos con entregarnos a Él, necesitamos entender cuál es el propósito de Dios para mi vida pues *"el Señor cumplirá en mí su propósito"* (Salmo 138:8). Cuando nos disponemos para servir a Dios, hablamos de estar listos y disponibles para Él, en todo lugar, a toda hora.

El diccionario de la Real Academia Española define el verbo servir como: Estar al servicio de alguien. Estar sujeto a alguien, por cualquier motivo haciendo lo que esta quiere o dispone.

Puedes intentar servir a Dios sin amarle, pero no puedes amar a Dios sin servirle.

La palabra ministro se usa en nuestra sociedad para señalar a alguien que tiene importancia y ocupa un puesto relevante. Tambien en la iglesia cristiana, llamar a otro ministro, parece ubicar a esa persona en un nivel de superioridad espiritual, apartado solo para unos pocos. Lo interesante es que no tiene el mismo sentido en la Biblia, donde en el original griego ministro se trata de la palabra *diákonos*, de donde proviene el vocablo castellano "diácono", que significa siervo o ministro. Esta palabra describe en la Palabra a una persona que hace un trabajo y presta especialmente un servicio: ayuda a los necesitados, da de comer y beber, hospeda, visita, cuida enfermos y aun hace algo por los más pequeños (vea Mateo 23:11; Marcos 9:35; Lucas 12:37; Juan 12:26, Hechos 6:2).

Lección 2 - Una vida de servicio

El ejemplo de Pablo

Ahora vamos a conocer el ejemplo del apóstol Pablo.

"La idea de que el servicio a Dios solo puede ser en el altar de la iglesia, cantando himnos cristianos, leyendo su santa Palabra y otras cuestiones por el estilo, es sin lugar a dudas, uno de los peores engaños del diablo. Cuán efectivamente el diablo puede encaminarnos hacia la perdición usando esta idea, cuando en realidad el mundo entero puede estar lleno del servicio a Dios, el cual no se limita a la iglesia, sino que llega al hogar, a la cocina, al trabajo, a los campos" (Martín Lutero).

Pablo describe su propia vida y labor como un servicio prestado a Dios voluntariamente (2 Corintios 6:4; Colosenses 1:23). Todo lo que hagamos para la obra del Señor Jesús en su iglesia, por pequeño que sea, es un servicio. Por lo que, bíblicamente hablando, decirse un ministro del evangelio es decirse un servidor del evangelio, donde el único grado de honor rescatable es que servimos al único Señor digno de ser servido y de quien es toda la gloria, el poder y la alabanza, nuestro señor Jesucristo.

Servir es ofrendarnos para que otras personas sean bendecidas, de tal forma que lo que se haga sea directamente para Dios y no buscando los aplausos o exaltaciones terrenales: *"Sirvan de buena gana, como quien sirve al Señor y no a los hombres, sabiendo que el Señor recompensará a cada uno por el bien que haya hecho, sea esclavo o sea libre"* (Efesios 6:7-8). Siendo parte del cuerpo de Cristo, cada miembro tiene una función, cada uno debe estar en actividad para crecer y ser edificado. El cuerpo humano tiene muchos miembros, cuando aún los más pequeños cumplen su función, todo el cuerpo disfruta de los beneficios en salud y bienestar (1 Corintios 12:14-26, Efesios 4:16).

El Señor te ha dado un lugar para servir. ¿Estás en ese lugar? ¿Qué entiendes por servir a Dios? ¿Cómo te gustaría servirle a Dios?

Todo cristiano debe hacer algo para la obra de Dios; y hoy en día existen muchas cosas para hacer dentro y fuera de la iglesia, es casi imposible que alguien diga que no hay nada para hacer. Cada cristiano debe servir según sus dones, capacidades, experiencia y formación cristiana (Mateo 25:14-29). Necesitamos meditar en el hecho de que, si hay un sinónimo correcto para un seguidor de Cristo, es la palabra servidor. Así surge la pregunta "¿Qué quiere Dios que yo haga?", y podemos responder: Servir y servir.

Debemos saber que al ser salvos recibimos dones para ministrar en la iglesia por medio del Espíritu Santo. Estos definen el área de nuestro servicio para fortaleza y edificación de los demás, pues nos han sido otorgados para ser siervos de los demás. Por tanto, mostremos en nuestras vidas el fruto del Espíritu Santo y *"preocupémonos los unos por los otros, a fin de estimularnos al amor y a las buenas obras"* (Hebreos 10:24). El Señor nos ha dado a cada uno y cada una un lugar para servir.

El ejemplo de Jesús

En esta sección reflexionaremos en el servicio ejemplar de Jesús.

El Señor nos ha dado un lugar para servir. ¿Estamos en ese lugar? Muchos cristianos dicen ser seguidores de Cristo porque se bautizan en agua o participan en la santa cena u otros sacramentos, pero no quieren servir a los demás. Cristo vino para servir y llegó aún a lavar los pies de los discípulos. Él quiere que todos sus hijos e hijas le sirvan (Mateo 20:28). Se dice que la mayoría de los cristianos ya han aprendido mucho de la vida cristiana, lo que se necesita es que pongan por obra todo lo que ya saben, para convertirse en verdaderos discípulos y líderes cristianos. El verdadero cristiano se incorpora a una iglesia local para ser de bendición y para aportar con su esfuerzo al engrandecimiento del reino.

Un día daremos cuenta a Dios por lo que hicimos, no de lo que tanto supimos o creímos (Apocalipsis 20:11-12). Si insistimos en salvar nuestra vida aisladamente sin ocuparla en servir a otros, la perderemos (Lucas 9:24). Entonces ¿cómo debo de servir? ¡Como Jesús! Y, ¿cómo sirvió Jesús? Veamos...

"Como el Hijo del hombre no vino para que le sirvan, sino para servir y para dar su vida en rescate por muchos" (Mateo 20:28)

Jesús sirvió con gozo. Jesús se gozó en servir a sus discípulos y *"por el gozo que le esperaba, soportó la cruz, menospreciando la vergüenza que ella significaba, y ahora está sentado a la derecha del trono de Dios"* (Hebreos 12:2).

Tambien sirvió con humildad. La palabra humildad significa modestia; la idea de esta palabra es hacer cualquier cosa sin importar qué tan bajo nos vemos ante los ojos de la gente o de nosotros mismos con tal de servir. *"Así que se levantó de la mesa, se quitó el manto y se ató una toalla a la cintura. Luego echó agua en un recipiente y comenzó a lavarles los pies a sus discípulos y a secárselos con la toalla que llevaba a la cintura"* (Juan 13:4-5). *"Cuando terminó de lavarles los pies, se puso el manto y volvió a su lugar. Entonces les dijo: - ¿Entienden lo que he hecho con ustedes? Ustedes me llaman Maestro y Señor, y dicen bien, porque lo soy. Pues si yo, el Señor y el Maestro, les he lavado los pies, también ustedes deben lavarse los pies los unos a los otros. Les he puesto el ejemplo, para que hagan lo mismo que yo he hecho con ustedes. Ciertamente les aseguro que ningún siervo es más que su amo, y ningún mensajero es más que el que lo envió"* (Juan 13:12-16).

Recordemos que hay una recompensa para el que sirve *"porque Dios no es injusto como para olvidarse de las obras y del amor que, para su gloria, ustedes han mostrado sirviendo a los santos, como lo siguen haciendo"* (Hebreos 6:10). Hay muchas bendiciones reservadas para los que sirven con humildad y fidelidad a Jesús.

¿Qué Aprendimos?

Todos los creyentes estamos llamados a servir. Nadie puede llamarse cristiano si no tiene una vida de servicio. No hay servicios de menor valor, todos son reconocidos por Dios.

Lección 2 - Una vida de servicio

Actividades

Tiempo 20'

INSTRUCCIONES:

1. ¿Qué actividad de servicio ha hecho en esta semana en su comunidad? Si no ha realizado ninguna, anote unas ideas y comprométase a realizarlas lo más pronto posible.

Ideas para servir a mis vecinos	Fecha en que lo haré

2. Evalúe como está su deseo sincero de servir a Dios y a otros. Si el deseo está en un nivel bajo tome unos dias para orar, pedir a Dios que llene de amor santo su corazón, y renueve su compromiso con Dios de servirle con su vida. Busque la dirección del Señor y el consejo de líderes espirituales para ubicarse en un lugar de servicio.

3. Pregúntele a un líder de su iglesia o al pastor en qué puede servir, y hágalo lo más pronto posible por muy sencillo que parezca.

Lección 3

UN LÍDER MUY CERCANO

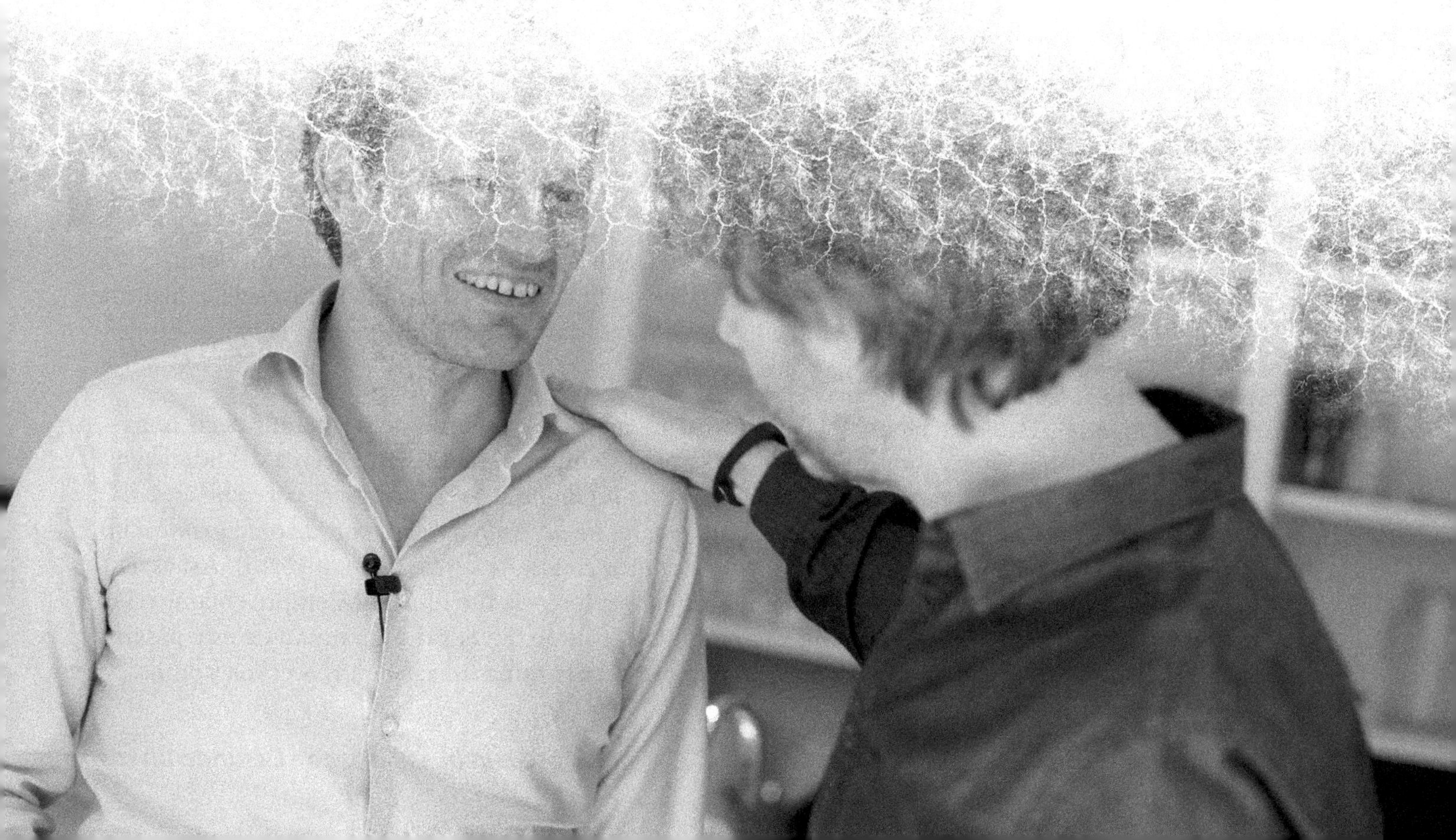

Objetivos

- Conocer el significado de ser un mentor personal o "coach".
- Identificar los obstáculos para la comunicación efectiva.
- Aplicar estrategias para guiar a otros a la resolución de conflictos.

Ideas Principales

- Un mentor, a través de la amistad, nutre la vida de quien sigue su ejemplo.
- Ser mentor implica preparación, sacrificio y lealtad; pero sobre todo amor.

Introducción

¿Qué es un mentor, o un *coach*? En palabras sencillas, es alguien que aconseja y acompaña a su prójimo en la resolución de conflictos. ¿Sabía que Jesús resultó ser un gran coach y amigo de sus discípulos? En sus primeros años de amistad los discípulos, aun con sus temores, sus malas actitudes y contradicciones, fueron enseñados y nutridos con paciencia por Jesús, y con el tiempo ellos a su vez aprendieron a ser un apoyo a los afligidos, a los cansados, a los desanimados de este mundo. Experimentar este proceso de crecimiento y amistad es una verdadera aventura para todo aquel que se atreve a vivirla.

En esta lección veremos cómo la amistad o hermandad de uno a uno es el más poderoso pegamento que une al pueblo de Dios. Reflexionaremos acerca de esta cadena humana de cuidado y paciencia, tanto para los creyentes recién nacidos, como para aquellos que han caminado por muchos años en el evangelio. En ambos casos, en medio del naufragio siempre se necesitará una mano amiga que nos ayude a llegar sanos y salvos a tierra firme.

Derribar la primera muralla: Estatus

En esta sección aprenderemos a acercarnos al prójimo.

La comunicación es un verdadero reto en el arte de la consejería. Muchos han recibido dones de liderazgo y pastorado a través de la historia, y han fracasado como mentores, porque no han superado la tentación del poder, el ego y la soberbia.

Hubo doce hombres que un día escucharon de su mentor decir unas palabras que cambiarían para siempre su percepción acerca del liderazgo y el pastorado. Él dijo: *"Ya no los llamo siervos, porque el siervo no está al tanto de lo que hace su amo; los he llamado amigos, porque todo lo que a mi Padre le oí decir se los he dado a conocer a ustedes"* (Juan 15:15). Así es, el comunicador más efectivo de la historia fue Jesús. Él siempre encontró la manera de conectarse con su prójimo. En la primera mitad de este pasaje definitivamente Jesús quiere derribar una muralla entre siervos y amos,

> **Coach:**
> Palabra tomada del idioma inglés que significa entrenador o preparador.

> Nuestros errores y los de nuestros hermanos son granos de arena al lado de la grande montaña de la misericordia de Dios (Basado en Cura de Ars).

cuando de amistad se trata. ¿Por qué? Él mismo lo explica: *"porque el siervo no está al tanto de lo que hace su amo."* Y en la segunda mitad del pasaje Jesús prefiere llamarles amigos, y también tiene una poderosa razón para hacerlo: *"porque todo lo que a mi Padre le oí decir se los he dado a conocer a ustedes."*

Las jerarquías siempre serán un obstáculo a vencer para llegar a ser un o una coach útil para la edificación del cuerpo de Cristo. Aquellos que requieren de un buen consejo lo pedirán a un buen amigo o amiga, y serán receptivos a la consejería.

"Hay amigos que llevan a la ruina, y hay amigos más fieles que un hermano" (Proverbios 18:24).

Derribar la segunda muralla: Las poses externas

A continuación aprenderemos a ver más allá de las simulaciones.

La respuesta más común que oímos al preguntar: ¿Cómo estás? es, casi siempre, ¡Bien, gracias! Esa respuesta es correcta si solo queremos ser educados y no alarmar al primero que se nos atraviese. Un coach aprende a ir más allá del "bien, gracias". Así que analizaremos a continuación un caso práctico, veremos a Jesús creando un puente de comunicación a través del descubrimiento de las necesidades interiores.

En Juan 4:6-9 encontramos el encuentro de Jesús y la mujer samaritana. En la reflexión anterior derribamos una muralla jerárquica entre amos y siervos, y la sustituimos por un sólido puente de comunicación: La amistad. Esto es precisamente lo que hace Jesús en Juan 4:6-9. La mujer trata de esquivar una situación incómoda a través de la simulación, pero a Jesús no le interesa la pose de samaritanos contra judíos, y se presenta vulnerable (sediento) ante la habitualmente despreciada samaritana.

¿Qué tipo de persona es la que crea en ti la confianza para abrir tu corazón? ¿Eres tu esa persona para otros?

Luego en Juan 4:10 vemos que Jesús tiene todo un plan en mente. En este pasaje Dios ofrece vida a la mujer solitaria ¡a través de un judío! Al parecer a este judío, a quien no le interesa discutir sobre ser judío, más bien se enfoca en un tema profundo buscando "enganchar" o interesar a la mujer samaritana. Este es el anzuelo, es el tema espiritual al que Jesús la lleva, el agua que da vida.

Más adelante en Juan 4:11-12 vemos a la mujer que trata de ocultar los sentimientos más profundos. Al parecer aquí esta mujer todavía no se da cuenta de que se enfrenta a uno que quiere ir mar adentro, en lo más profundo de su necesidad, y desvía el tema de su dolor hablando de asuntos religiosos.

En Juan 4:13-15 es donde las palabras de Jesús le llegan a lo más profundo de su ser. Aquí Jesús vuelve a "lanzar el anzuelo" y cada vez es más desafiante; capta cada vez más la atención de la mujer. Todavía se escucha a la mujer esquivando un poco, pero Jesús quiere llegar al fondo. Veamos la conversación:

Lección 3 - Un líder muy cercano

"La moda es la ciencia de la apariencia, y que inspira en uno el deseo de parecer más que de ser" (Henry Fielding).

- *Ve a llamar a tu esposo, y vuelve acá -le dijo Jesús.*

- *No tengo esposo -respondió la mujer.*

- *Bien has dicho que no tienes esposo. Es cierto que has tenido cinco, y el que ahora tienes no es tu esposo. En esto has dicho la verdad (Juan 4:13-15).*

¿Cuáles eran las murallas de esta mujer? Probablemente sus relaciones amorosas. Tal vez su aislamiento ante la sociedad. Quizás su religiosidad... pero Jesús por fin llegó al punto clave: Un ser humano con una gran necesidad de afecto. Una necesidad apremiante que una mujer solitaria guardó celosamente por muchos años, hasta ese encuentro sanador.

Que Dios nos ayude a llegar mar adentro, hasta las profundidades del alma, y guiar a los necesitados a una experiencia como esta:

- *Sé que viene el Mesías, al que llaman el Cristo -respondió la mujer. Cuando él venga nos explicará todas las cosas.*

- *Ése soy yo, el que habla contigo -le dijo Jesús (Juan 4:13-15).*

Derribar la tercera muralla: Nuestro papel de jueces

A continuación analizaremos las implicaciones de juzgar a los demás.

A través de toda la Escritura encontramos constantemente la encomienda de no juzgar a los demás. A pesar de ello, tal parece que hacerlo es una de las obras de la carne más comunes entre los seres humanos y una de las menos identificadas.

En el libro de Génesis se describe un jardín con muchos árboles de los cuáles se podían disfrutar sus frutos sin reservas; excepto de uno: El árbol de la ciencia del bien y del mal. En Génesis 3:6-7 Adán y Eva comieron del fruto prohibido. Como resultado sus ojos se abrieron inmediatamente, tomando conciencia de que estaban desnudos y, supieron desde ese momento que debían escoger entre el bien y el mal (Génesis 3:22). Desde entonces los seres humanos tomamos en nuestras manos "la industria del bien y del mal" como si de veras tuviéramos la capacidad de examinar tales asuntos. Jugamos a ser Dios.

La buena noticia es que ya no tenemos que comer del árbol del bien y del mal. Al comerlo juzgamos, y juzgamos mal. En Cristo se nos dio de comer del árbol de la vida. Cristo es la vida, la vid verdadera, el pan de vida. Fue Él quien nos dio un nuevo mandamiento: *"Que nos amemos los unos a los otros como Él nos ha amado"* (Juan 15:12).

A continuación compararemos un mismo caso tratado desde dos escenarios: El del juicio al prójimo y el del amor al prójimo.

Escenario 1: Caso tratado desde el juicio.

- Joaquín, he estado observando que has estado saliendo con una chica que no es cristiana. ¿Es correcto?

- ¡No! ¿Cómo crees? ¿De dónde sacas tal cosa, Raúl?

- Me dijeron por ahí. Escucha, Joaquín, tú sabes que eso no es de Dios. La Biblia dice que no andemos en yugo desigual, y si tú andas en desobediencia, las consecuencias pueden ser graves.

- Ya te dije que yo no ando con nadie. ¡Ya déjame en paz!

- Yo nada más te digo que eso no es de cristianos. Un verdadero cristiano no anda con filisteas. A menos que tú no seas...

- ¿Qué estás tratando de decir, Raúl?

- Nada, hombre... nada.

- Bueno. Nos vemos pronto.

- Bueno, ¡adiós!

No te impacientes con los demás. Recuerda que Dios trató contigo con paciencia y benignidad (Oswald Chambers).

Escenario 2: Caso tratado desde la comunicación benigna.

- ¡Hola, Joaquín! ¿Cómo estás, hermano?

- ¡Hola, Raúl! ¿Qué haces?

- Nada, aquí saludándote. Fíjate que vamos a tener un evento y vengo a invitarte. ¿Crees que puedas asistir? Es este sábado.

- No sé, pero déjame ver. A lo mejor sí puedo.

- ¡Genial! Hemos estado orando para que Dios se manifieste con poder entre nosotros. Ya sabes, todos tenemos luchas. Yo personalmente de repente me siento confundido en mi fe y creo que estas reuniones me han hecho mucho bien. Te encargo que ores por mí para que sea fortalecido en mis debilidades. Tú sabes que no tengo novia y a veces la soledad me pega duro.

- Claro, Raúl, cuenta con ello.

- Gracias, Joaquín. De verdad te estimo mucho como amigo y como hermano. También tú sabes que cuentas conmigo, ¿verdad?

- Yo sé, mi hermano... yo lo sé.

- Bueno, nos vemos por allá entonces. ¡Hasta luego!

- ¡Raúl! Espera... ¿Tienes unos minutos?

- Claro, dime.

- Fíjate que estoy saliendo con una chica. No es cristiana. ¿La puedo llevar a la reunión?

Lección 3 - Un líder muy cercano

- ¡Claro! Ojalá pueda ir. ¿Y cómo se llama?

- Eloísa.

- Muy bien. ¿Y cómo te ha ido? ¿Cómo te has sentido?

- La verdad no me he sentido muy bien, pero no sé qué hacer.

- ¿Quieres hablar de ello?

- Sí. Fíjate que desde hace tiempo... (Joaquín explica toda la historia. Raúl escucha con atención).

- Oye, Joaquín, ¿te sientes bien con esta situación? ¿Por qué? ¿Cómo te gustaría que sucedieran las cosas? ¿Qué puedes hacer tú para cambiar eso que a ti no te gusta? ¿Te gustaría escuchar mi experiencia personal en mi caminar con Cristo sobre este asunto?

- ¡Claro!

- Te entiendo, Joaquín. Yo también me he sentido así. La Biblia me ha mostrado que...

Un coach entiende su llamado a ofrecer una amistad que no juzga al otro, guiando a los demás hacia la verdadera paz, creando puentes de comunicación efectiva y entregando la Palabra revelada por Dios a quien abre su corazón voluntariamente. Practiquemos este acercamiento y dejemos que el Espíritu Santo juzgue. Nuestro trabajo es amar al prójimo y guiarlo al arrepentimiento (Lucas 24:47).

¿Has cometido alguna injusticia en el trato a los demás, cuando tu orgullo te llevó a juzgar a la ligera? ¿Has pedido perdón a esa persona?

¿Qué Aprendimos?

Para derribar murallas a través de comunicación efectiva hay que enfocarse en el amor y no en juzgar la conducta del otro. Debe ser Dios el que nos revele la verdad que nuestro prójimo necesita para que Él mismo resuelva su conflicto.

Actividades

Tiempo 20'

INSTRUCCIONES:

1. Respondan en grupos de 3 a 4 integrantes las siguientes preguntas sobre Juan 15:15.

    a. ¿Cómo es la comunicación entre un amo y un siervo de acuerdo con la explicación de Jesús? ¿Por qué el siervo nunca está al tanto de lo que hace su amo?
    _____

    b) ¿En qué consiste la experiencia personal de Jesús con su Padre de acuerdo con el pasaje?
    _____

    c) A diferencia de un amo común, Jesús les llamó amigos; de acuerdo con el pasaje: ¿Qué les ha dado a conocer Jesús a sus discípulos para demostrarles que realmente les considera sus amigos?
    _____

2. En los mismos grupos respondan las siguientes preguntas sobre el encuentro de Jesús y la mujer de Samaria en Juan 4:6-15.

    a. ¿Qué estrategias nos da Jesús para sacar de su simulación a alguien que no se abre al diálogo?
    _____

    b) ¿Podemos nosotros ofrecer vida a otros así como Jesús ofreció vida a la mujer samaritana, a pesar de que a muchos les incomoda hablar de sus sentimientos? ¿Cómo?
    _____

    c) ¿Cómo habrá obtenido Jesús revelación para conocer el interior de la mujer samaritana?
    _____

3. Lea nuevamente los dos casos de la conversación del juicio al prójimo y del amor al prójimo, en la última sección de la lección. Luego responda y al final compare sus respuestas con las de sus compañeros y compañeras.

    a. ¿Qué diferencias notaste entre el escenario 1 y el escenario 2?
    _____

    b) ¿Cuál de los dos escenarios toma más tiempo? ¿Por qué?
    _____

    c) ¿Qué es lo más importante en el escenario 1?
    _____

    d) ¿Qué es lo más importante en el escenario 2?
    _____

    e) En los dos escenarios se usó la Palabra de Dios… ¿cuál es la diferencia entre un caso y el otro?
    _____

4. En grupos de 2 a 3 integrantes lean el pasaje de Lucas 22:25-27 y discutan esta enseñanza para ser un mentor o mentora de acuerdo con el pensamiento de Jesús. Luego inventen un diálogo como el de Joaquín y Raúl. Diseñen un caso hipotético donde puedan practicar la metodología propuesta en esta lección. Utilicen las siguientes recomendaciones:

√ *No hay peor consejo que el que no te piden. Si la persona no quiere exponer sus pensamientos o sentimientos, no la obligues a responder.*

√ *Interésate por la persona, no por la ley o por su pecado.*

√ *No le des un sermón. En su lugar haz preguntas: ¿Cómo te hizo sentir lo que sucedió? ¿Por qué? ¿Qué te gustaría que hubiera sucedido en lugar de lo que sucedió? ¿Cómo crees que este conflicto se pudiera resolver? ¿Qué podrías hacer tú al respecto? ¿Crees que podrás hacerlo? ¿Qué crees que pueda suceder si no perdonas? ¿Qué crees que pudiera suceder si perdonas?, y semejantes.*

√ *Usa la Palabra de Dios y haz preguntas para guiar a la persona a que tome sus propias decisiones.*

Lección 4

LIDERAZGO QUE SE MULTIPLICA

Objetivos

- Comprender que el liderazgo es influencia.
- Valorar la influencia positiva de mis líderes.
- Aceptar que un nombramiento no convierte a una persona en líder.

Ideas Principales

- El liderazgo es influencia.
- La tarea mas importante del líder es formar a otros lideres
- Para que haya multiplicación debe haber unidad con Cristo.

Introducción

En todos los niveles y organizaciones, la gente busca constantemente líderes: en los negocios, la enseñanza, la política, el hogar, la iglesia, entre otras. Las personas buscan a quien seguir, alguien que los desafíe y los inspire; sin embargo la realidad nos muestra que los líderes son escasos, o por lo menos, que se necesitan más líderes del tipo que guían a otros hacia objetivos que cubran sus verdaderas necesidades.

Somos testigos de una crisis en el liderazgo de la iglesia cristiana. En muchas ocasiones estas posiciones las hemos llenado con personas con un buen corazón y mucha disposición, pero sin preparación y poco, o nulo, entrenamiento. En otras ocasiones se escogen personas hábiles técnicamente hablando, populares, pero que no tienen corazón de servicio. Algunos se nombran por derecho de antigüedad con la excusa de: "ya le toca ser el líder"; como si el tiempo pasado sentado en la banca le diera a la persona la capacidad de liderar efectivamente.

El verdadero liderazgo va más allá, es una disciplina que requiere de carácter y fe. A través de esta lección veremos que el liderazgo cristiano conlleva una tremenda responsabilidad, pero es a la vez un privilegio que Dios nos concede para guiar a otros y reproducirnos siguiendo el ejemplo de Jesús, nuestro Maestro.

Somos luz

En esta sección hablaremos del privilegio y responsabilidad de un líder.

Todos aquellos que han puesto su confianza en Jesús son llamados a liderar en medio de una sociedad que se encuentra perdida, sin rumbo y sin dirección. Independientemente de que ocupemos una posición reconocida de liderazgo, incluso si no sentimos un llamado especial, se nos ha delegado una gran responsabilidad: el llamado de llevar a otros a la salvación recae sobre nuestros hombros.

Jesús dijo: *"Ustedes son la luz del mundo. Una ciudad en lo alto de una colina no puede esconderse. Ni se enciende una lámpara para cubrirla con* un cajón. Por el contrario, se pone en la repisa para que alumbre a todos los que están en la casa. Hagan brillar su luz delante de todos, para que ellos puedan ver las buenas obras de ustedes y alaben al Padre que está en el cielo"* (Mateo 5:14-16).

Somos como esa ciudad en lo alto de la colina, en una posición que difícilmente puede estar oculta. Somos como esa luz que se enciende y hace que las tinieblas salgan huyendo. Somos llamados a hacer brillar nuestra luz delante de todos, primeramente con nuestras acciones, ya que ellas nos abren la puerta, o nos la cierran, delante de los no cristianos, y eso implica, en toda circunstancia, hacerse la pregunta: ¿Qué haría Cristo si estuviera en mi lugar? Y escoger la conducta que adoptaría Cristo en dicha circunstancia, ser luz es obedecer su Palabra.

No se trata de buscar ser luz, porque "ya lo somos", no por nosotros mismos, sino a causa de nuestra relación con Dios. *"Porque Dios, que ordenó que la luz resplandeciera en las tinieblas, hizo brillar su luz en nuestro corazón para que conociéramos la gloria de Dios que resplandece en el rostro de Cristo"* (2 Corintios 4:6). Mas bien se trata de permitir que nuestra luz alumbre. Todo creyente tiene la responsabilidad de reflejar la luz de Cristo, al igual que la luna no tiene luz propia y por lo tanto, solo refleja la luz del sol, de la misma manera, no debemos esforzarnos por producir luz propia, en su lugar, debemos asegurarnos de reflejar la luz de Cristo en cada palabra, acción o intención del corazón.

Debemos esforzarnos en que nuestra vida sea testimonio de Aquel que nos ha llamado de las tinieblas a la luz de Dios. Ahora somos ese faro que alumbra en lo alto de la colina ¡en una posición donde puede influenciar en otras personas! Todo seguidor de Jesucristo se encuentra en un lugar donde otros lo pueden ver.

En este pasaje de Mateo 5:14-16 Cristo afirma que somos la luz del mundo, lo que nos confirma que los ojos de las personas están sobre nosotros, pendientes de nuestras acciones, y confirmando que realmente vivimos lo que decimos, que nuestra fe es real y hace una diferencia en el mundo.

Las acciones y el testimonio de los cristianos alumbran a su alrededor, ya sea que esté en el trabajo, en la escuela, en una plática con amigos, vecinos, o familiares, el creyente tiene la responsabilidad de reflejar la luz de Cristo. Muchas veces los no creyentes no desean saber de nuestra fe, porque alguien que se ha dicho cristiano les ha dado mal testimonio, al vivir una vida sin integridad, sin amor al prójimo, de forma egoísta o carente de humildad.

"Ustedes son la luz del mundo. Una ciudad en lo alto de una colina no puede esconderse"
(Mateo 5:14)

Liderazgo potencial en las personas

Ahora vamos a reflexionar en cómo un líder debe desarrollarse.

¿Alguien que nunca imaginamos nos ha sorprendido alguna vez con su potencial de liderazgo? En la Biblia podemos observar cómo Dios vio el potencial en algunas personas por las cuales la sociedad no hubiera apostado:

- En un joven endemoniado, que más tarde sería el evangelista de su pueblo (Lucas 8:39).

- En una mujer liberal, que se convertiría en un canal de salvación para las personas que la conocieron (Juan 4:39-42).

- En un hombre manchado por el odio, el fanatismo religioso y la muerte, quien sería uno de los hombres de mayor influencia en el cristianismo y escritor de gran parte del Nuevo Testamento.

Algunas personas dudan de que Dios pueda usar su vida o la de alguien más para ser un líder influyente. Dios puede transformar la vida más miserable en un canal de bendición, en medio de una sociedad necesitada de alguien que les muestre el camino hacia Él.

¿Has dudado que Dios pueda usar tu vida o la de alguien más para ser un líder influyente? ¿Porqué?

Cómo influir en la vida de los demás

En esta sección vamos a ver en qué consiste la influencia.

Un líder es aquel que tiene influencia sobre otros, aunque no necesariamente la influencia siempre es positiva. La influencia es la capacidad de hacer que otros sigan nuestros pasos. Si observamos a un grupo de jóvenes en una de sus reuniones podremos identificar quién es el líder porque todos lo están mirando o esperando su opinión, sin embargo en muchas de nuestras iglesias decimos que los líderes son aquellos a quienes se les ha dado un cargo, un puesto o una responsabilidad, pero no podemos olvidar que para que alguien sea líder debe tener seguidores, quienes están convencidos que por medio de él o ella y con él o ella pueden obtener resultados que de otro modo no alcanzarían.

Los verdaderos líderes son los que marcan el paso, los creativos que solucionan los problemas, aquellos que se comprometen y sacrifican por los demás, hasta ver alcanzados los objetivos que se han trazado.

Jesús halló gracia ante los ojos de los demás y dejó una huella inolvidable en ellos, por eso la gente lo buscaba y muchas veces no importaba la hora, la distancia, la situación, ellos querían estar con Él y ser como Él. Si queremos influir en la vida de los demás debemos imitar

¿Puedes recordar a alguien que haya hecho algo por ti y haya dejado una huella inolvidable en tu vida?

A las personas no les interesa saber cuánto sabemos, sino cuánto nos interesamos en ellas.

a nuestro Maestro y saber que contamos con su gracia y su favor, pues Él ha prometido que estaría con nosotros y que haríamos aún mayores cosas que Él: *"Ciertamente les aseguro que el que cree en mí las obras que yo hago también él las hará, y aún las hará mayores, porque yo vuelvo al Padre"* (Juan 14:12).

> ¿Crees que las personas puedan recordarte por haber dejado una huella positiva en sus vidas?

Elementos necesarios para la multiplicación

Ahora veremos como se reproduce un líder.

La multiplicación es la función de todo creyente de transferir a otra persona todo lo que Dios ha hecho en su vida. Jesús reprodujo su vida y ministerio en doce hombres y, posteriormente, estos transfirieron a otros lo que recibieron del Maestro.

Para que la vida de un líder se reproduzca sanamente son necesarios los siguientes elementos en su vida:

1. Oración

- Jesús tuvo una vida de oración.
- Se apartaba a lugares desiertos para orar (Lucas 5:16).
- Se levantaba de mañana a orar (Marcos 1:35).
- Pasaba la noche orando (Lucas 6:12).
- Habló de la necesidad de orar siempre y no desmayar (Lucas 6:12).
- Les dijo a sus discípulos que oraran para que no entraran en tentación (Lucas 22:46).
- Oró en momentos difíciles (Marcos 14:35, 39).

> *"Lo que las personas necesitan de ustedes es su santidad personal"* (Robert Murray).

2. Palabra de Dios

- Nos aleja de las malas conductas (Salmo 119:11).
- Nos guía por el buen camino (Salmo 119:105).
- Nos lleva a la verdad (2 Timoteo 3:17).

3. Obediencia

- Jesús es nuestro ejemplo.
- Vivió en obediencia (Juan 8:29).
- Enseñó obediencia (Juan 14:15).
- Envió a obedecer y a enseñar a obedecer (Mateo 28:20).

Lección 4 - Liderazgo que se multiplica

4. Comunión

Tal como vemos en el ámbito físico, para que haya reproducción necesita haber unión. De la misma forma, en el ámbito espiritual necesitamos vivir unidos a Jesús en una correcta relación para que haya reproducción.

5. Mentoreo

"El que permanece en mí como yo en él, dará mucho fruto; separados de mí no pueden ustedes hacer nada" (Juan 15:5).

Es la acción intencional de invertir tiempo y esfuerzo enseñando a otros lo que hemos aprendido. No es una acción única o esporádica, sino la decisión de invertirse en otros hasta verlos crecer y dar frutos, tal como Jesús lo hizo con 12 personas. Ciertamente tuvo miles de seguidores, pero dedicó tiempo a formar discípulos maduros, conviviendo con ellos en diferentes circunstancias de la vida, desde una caminata, una comida, un viaje en barco, una tormenta, una sanidad, una lección a través de parábolas, entre muchas otras cosas que hizo con ellos, hasta saber que estaban listos para llevar la luz hasta lo último de la tierra.

Factores que impiden la multiplicación

En esta sección hablaremos de los errores que cometen los líderes.

Los líderes cristianos deben abandonar aquellas conductas y costumbres que estorban su labor como mentor de otros. Estas son:

1. El pecado

El pecado nos separa de Dios y por lo tanto nos lleva a vivir vidas estériles. Muchas veces son malas actitudes ó hábitos que minimizamos, pues a nuestros ojos no nos parecen tan graves; sin embargo, nos restan autoridad, ya que destruyen el poder de Dios en nuestra vida. Un líder de influencia vive lo que predica. Jesús era íntegro, de tal manera que ni siquiera sus enemigos podían encontrar algo para acusarlo (Mateo 26:59-60).

2. El alto costo

Cada creyente que desea invertir su vida en otros se enfrentará a la crítica, a la fatiga, al rechazo y al desánimo, entre otras cosas. Sin embargo, el Señor dice en Mateo 5:14 que seremos dichosos cuando por su causa atravesemos estas situaciones. Además, el apóstol Pablo nos recuerda que nos esforcemos por alcanzar lo que está adelante y avancemos a la meta para ganar el premio que Dios nos ofrece (Filipenses 3:14).

3. Desconocimiento de nuestro propósito

Cada uno de nosotros hemos sido creados para servir: *"Porque somos hechura de Dios, creados en Cristo Jesús para buenas obras, las cuales Dios dispuso de antemano a fin de que las pongamos en práctica"* (Efesios 2:10).

Un líder es un servidor que guía a otros para que sean líderes en medio de una sociedad perdida.

Es un privilegio saber que Dios nos ha dado la bendición de guiar a otros a Él, pero también una responsabilidad de la cual algún día daremos cuenta. Así que cada uno de nosotros tendrá que dar cuenta de sí a Dios (Romanos 14:12).

El que cree estar guiando pero nadie lo sigue, solo está dando un paseo (John Maxwell).

¿QUÉ APRENDIMOS?

Dios quiere usar nuestra vida para multiplicar liderazgo y ser mentores de esos líderes. Debemos cuidar nuestro testimonio para ser buenos ejemplos a seguir, estando unidos a Jesús y así influenciar positivamente a estas personas para enseñarles a servir y liderar como Cristo.

Actividades

Tiempo 20'

INSTRUCCIONES:

1. Escriba su epitafio, es decir cómo le gustaría que la gente le recordara cuando muera.
   _____
   _____
   _____
   _____

2. Escriba tres acciones inmediatas que deba tomar para que la gente le pueda recordar de esa manera.
   _____
   _____
   _____

3. En equipos de 3 a 4 integrantes comparta cada uno experiencias acerca de dos líderes que hayan influenciado en su vida o en su contexto, uno positiva y otro negativamente. Luego comenten las cualidades de liderazgo que han observado en ellos.

Líder influencia positiva	Líder influencia negativa	Cualidades de liderazgo

4. Piense en alguna persona en la que le gustaría influir positivamente a partir de este momento. ¿Qué va a invertir en él o ella a partir de hoy?
   _____
   _____
   _____
   _____
   _____

Lección 5

AGENTES DE PAZ

Objetivos
- Comprender la diferencia entre ser pacifista y ser pacificador.
- Tomar el compromiso de vivir como pacificadores.
- Saber aplicar los principios cristianos en las relaciones personales.

Ideas Principales
- Somos llamados a llevar la paz adondequiera que vayamos.
- Paz es la ausencia de violencia o guerra, un estado de quietud y tranquilidad.

Introducción

Una dia como hoy pudimos leer en las noticias: *"Un niño de tres años permanece internado en grave estado tras recibir un balazo en la cabeza. Esto sucedió cuando quedó en medio de una pelea familiar, en la ciudad de Berisso, informó hoy una fuente policial. El episodio ocurrió anoche en la puerta de una casa ubicada en las calles 20 y 125, de Berisso, hasta donde llegó un hombre en automóvil, en cuyo interior viajaba su hijo de tres años y otro menor de edad. Según investiga la policía, el propietario del automóvil mantuvo un altercado con otro hombre, familiar suyo, que habita en esa vivienda. Tras mantener una fuerte discusión, el automovilista puso en marcha el automóvil y cuando se alejaba del lugar recibió un disparo que atravesó el vidrio trasero e impactó en la cabeza de su hijo de tres años."*

Berriso, ciudad de la provincia de Buenos Aires, Argentina, con más de 88.000 habitantes.

Como en el relato anterior, en los tiempos actuales podemos ver conflictos en todos los ámbitos de la sociedad, llámese familiar, escolar o laboral, entre comunidades locales, entre pueblos y naciones. Ante esta realidad muchos se han levantado de forma individual o en agrupaciones buscando establecer la paz y armonía en estos conflictos. A estos se les llama "pacifistas".

El pacifismo

En esta sección veremos lo que significa ser pacificadores.

El pacifismo expresa el conjunto de actividades que una o varias personas realizan, encaminadas a conseguir la paz. El concepto, pues, se deriva de paz, que es la ausencia de violencia o guerra y el estado de quietud y tranquilidad. El pacifismo aboga por el diálogo, el intercambio cultural y la diplomacia en la relación entre los pueblos. Para enfrentar a la violencia, por supuesto, no propone métodos violentos, sino la resistencia no violenta (como una huelga, manifestación pública, etc.).

"Bienaventurados los pacificadores, porque ellos serán llamados hijos de Dios" (Mateo 5:9).

Mahatma Gandhi (1869-1948) y Martin Luther King, Jr., (1929-1968) son algunos de los máximos líderes del pacifismo contemporáneo. Ambos fueron asesinados mientras defendían sus creencias.

Aunque los pacifistas siguen un buen propósito con sus métodos, esto no significa que puedan obtener y garantizar la verdadera paz que el ser humano necesita.

En busca de la paz

Ahora vamos a hablar de la necesidad que el mundo tiene de agentes de paz.

Dios es un Dios de paz. Esta afirmación aparece con frecuencia en las Escrituras (cf. Ro. 15:33; 16:20; 2 Co. 13:11; 1 Tes. 5:23; He. 13:20); no obstante, en el mundo rige la guerra entre razas, naciones y en el corazón de cada individuo.

Es patético contemplar los esfuerzos desesperados de las naciones para alejar de sí los peligros de la guerra y de la destrucción atómica, sin que se manifieste un movimiento sincero de arrepentimiento y de fe. La Escritura declara: *"No hay paz para los malos"* (Is. 48:22; 57:20-21). Frente a esta severa declaración, no faltan los políticos, ni los profetas falsos que anuncian *"paz, no habiendo paz"* (Ez. 13:10; Jer. 6:14; 8:11).

La paz del mundo se define como ausencia de hostilidades y rivalidades; es una tregua entre dos potencias rivales, debajo de la cual puede ocultarse una guerra fría. Es una paz engañosa en la que los enemigos no se atacan solo porque los paraliza el miedo mutuo, mientras se arman constantemente, según el dicho latino: "Si quieres la paz, ármate para la guerra". Así también es la paz mundana entre las personas, un arreglo temporal de conveniencia que puede ser turbado cuando se enfrentan los intereses y por ello el acuerdo es violado constantemente.

Únicamente Jesús puede resolver esta guerra continua y restablecer la paz. La Palabra afirma *"Él es nuestra paz"* (Ef. 2:14). Jesús se lanzó en medio del conflicto, aceptando ser golpeado por la vara de la justicia divina que nos perseguía (Ef. 2:13-17; Col. 1:20). Dios estaba en Cristo, reconciliando consigo al mundo; Él mismo estableció la paz y está, desde entonces, proclamando la absolución; Él hace mudar al rebelde arrepentido en una criatura de paz (2 Co. 5:17-21). Esta es la razón de que todo creyente justificado tiene paz *"para con Dios"* (Ro. 5:1). La paz de Dios, que sobrepasa todo entendimiento, puede desde entonces guardar su corazón y su mente en Cristo Jesús (Fil. 4:7).

Esta paz no es el producto artificial y pasajero de un esfuerzo humano, sino el fruto del Espíritu (Gá. 5:22-23), dada por el mismo Dios (2 Ts. 3:16). Los hijos de Dios debemos ahora vivir en paz (Ro. 12:18; 1 Ts. 5:13; He. 12:14; Stg. 3:18).

La paz que viene de Dios es una paz interna, una paz del corazón; un estado del alma que no depende de las circunstancias. Es una paz que permanece en medio de los hostigamientos y de la guerra que nos hace el

"Busquen la paz con todos, y la santidad, sin la cual nadie verá el Señor" (Hebreos 12:14).

enemigo. La paz de Dios que nos dejó Jesús (Jn. 14:27), tan diferente a la del mundo, viene de haber sido reconciliados con Él por medio de su sangre, viene de tener paz con Dios al haber sido justificados por la fe, como dice Pablo en Romanos 5:1.

Si no estamos en paz con Dios es imposible tener esa paz. Pero si lo estamos, tendremos esa paz que proviene de Él, que sobrepasa todo entendimiento, porque no obedece a ninguna lógica humana, y que gozamos cuando ponemos nuestras necesidades y afanes en sus manos (Filipenses 4:6-7).

Y al poseer esa paz nosotros somos llamados a ser pacificadores: *"Dichosos los que trabajan por la paz, porque serán llamados hijos de Dios"* (Mt. 5:9). Nuestro Dios es el gran pacificador y de Él tomamos el ejemplo. Jesús es el modelo perfecto a seguir de un pacificador. Su nacimiento trajo paz, su ministerio fue de paz. No podemos nosotros tener paz hasta no estar en paz con Dios.

Tambien somos llamados a vivir en paz con todos los hombres: *"No paguen a nadie mal por mal. Procuren hacer lo bueno delante de todos. Si es posible, y en cuanto dependa de ustedes, vivan en paz con todos. No tomen venganza, hermanos míos, sino dejen el castigo en las manos de Dios, porque está escrito: 'Mía es la venganza; yo pagaré', dice el Señor. Antes bien, 'Si tu enemigo tiene hambre, dale de comer; si tiene sed, dale de beber. Actuando así, harás que se avergüence de su conducta'. No te dejes vencer por el mal; al contrario, vence el mal con el bien"* (Ro. 12:17-21).

Analicemos este pasaje de Romanos 12:17-20. Para vivir en paz con los demás, el creyente debe vivir una vida ejemplar. No le beneficiará responder al mal con una mala conducta. Debe mantener las normas de Dios. La responsabilidad de vivir en paz recae sobre el individuo. No puede determinarse a vivir en paz solo y cuando los demás demuestran una buena conducta. El cristiano debe ser una persona pacífica, que siempre busca relaciones de paz con sus demás prójimos en el mundo. Esta es una de las obligaciones sociales primordiales del amor ágape (v. 18). El hombre que sigue a Cristo hará todo lo posible para mantener una relación de armonía con todos los hombres. Si los choques ocurren, como algunas veces es inevitable que ocurran, la provocación no debe iniciarse en el lado cristiano. Cuando venga el conflicto, él debe conservar un espíritu de perdón, dejando el asunto de su vindicación enteramente en las manos de Dios (v. 19). Tener dominio propio, que es fruto del Espíritu Santo obrando en nuestra vida, nos conducirá por el camino de los pacificadores en vez de por el camino de la contienda. Con la ayuda de Dios, no tenemos que vengarnos por los daños que nos hacen. Tales asuntos de juicio deben descansar en las manos de Dios.

Dejar todo en las manos de Dios no significa que dejamos de ser pacificadores. El versículo 20 nos llama a dar una respuesta positiva a nuestro enemigo: *"Así que, si tu enemigo tuviere hambre, dale de comer; si tuviere sed, dale de beber"* (RVR 1995). Aun si nunca responde a nuestro

---

Vindicación:
Del verbo vindicar que significa defender a quien se ha injuriado, calumniado o injustamente acusado, ayudándole a recuperar lo que le pertenece.

¿Te ha tocado ser mediador en algún conflicto? ¿Cómo hiciste? ¿Cuál fue el resultado?

amor y bondad, hemos obedecido a Cristo Jesús: *"Pues haciendo esto, ascuas de fuego amontonarás sobre su cabeza"* (v. 20 RVR 1995). Esto no quiere decir que nos hemos de consolar o felicitar por nuestra bondad mediante el conocimiento de que nuestro enemigo será castigado. Esto sería un móvil malicioso. Tal actitud sería contraria a lo que Dios nos pide. La siguiente exhortación (v. 21) aclara cuál es la verdadera intención: *"No seas vencido de lo malo, sino vence con el bien el mal"* (RVR 1995).

Lo que hagamos debe ser hecho por el bien de nuestro enemigo; por el poder del amor de Dios debemos esforzarnos para que este se vuelva nuestro amigo y un hijo de Dios. Ascuas de fuego debe significar, los dolores que queman la vergüenza que siente una persona cuando se le paga con bien por un mal que ha hecho, lo cual puede producir remordimiento, penitencia y contrición.

Seamos agentes de paz

Ahora vamos a ver como tu y yo podemos ser esos agentes de paz.

Pacificador es aquel que se mete voluntariamente en medio de un pleito o conflicto, para ayudar a encontrar caminos para el entendimiento y la paz. Esto en sí ya lleva un riesgo implícito, pues una de las personas en el pleito, o ambas, se pueden volver contra el pacificador.

El Señor Jesús le da suma importancia a la búsqueda de la paz, pues esto proviene del mismo corazón de Dios, de su carácter, quien buscando la paz con nosotros, sus cristuras, envió a su único Hijo como pacificador; por lo que Jesucristo recibió el nombre de "Príncipe de Paz" (Isaías 9:6). El propósito del Señor no fue venir a este mundo a liberar a un sólo pueblo o raza de sus opresores (el pueblo judío del azote romano). Jesús vino a traer paz para toda la humanidad, paz que es fruto de la reconciliación del ser humano con Dios, que se basa en la justicia, el amor y la misericordia de Dios, y cuyos beneficios son eternos. Jesucristo es quien hace posible esa paz entre los hombres, por eso recibe el título de Rey de reyes y Señor de señores; y también Príncipe de paz (1 Ti. 6:15, Is. 9:6).

Un pacificador busca el cese de todas las hostilidades entre las partes, procura resolver las demandas involucradas en el conflicto para que este termine por completo. Ahora bien, las hostilidades en este mundo son el reflejo de la ausencia de una paz con Dios. Nosotros como hijos e hijas de Dios tenemos conciencia de esta "guerra campal" que están librando muchas personas, que viven sus vidas alejadas del perdón y del amor de Dios demostrado en Jesucristo.

Somos testigos de este conflicto, incluso en las vidas de nuestros amigos y familiares muy cercanos; y es aquí donde entra nuestro llamado a ser pacificadores, para traer la paz a esos corazones que, con todas las de perder, siguen haciéndole la guerra a quien les ama tanto que envió a su

"La paz os dejo, mi paz os doy; yo no os la doy como el mundo la da. No se turbe vuestro corazón ni tenga miedo" (Juan 14:27).

Hijo en su rescate. Aceptar el llamado de Jesucristo a ser un pacificador significa –en términos actuales– cumplir el rol de catalizador para que otros alcancen la paz con Dios. Y el Señor Jesús no nos lo pide algo imposible, pues Él sabe que ha puesto a nuestro alcance su valiosa paz, una paz para compartir.

*Un **catalizador** se refiere a una persona que estimula el desarrollo de un proceso.*

¿Qué Aprendimos?

Los discípulas y discípulos de Jesucristo podemos ser agentes de paz en la familia y nuestra comunidad, pero también en nuestro país y más alla con gente de otras naciones. Si Cristo vive en nuestro corazón, debemos alcanzar a aquellos que están en guerra con Él y guiarles a vivir en el camino de la paz.

Actividades

INSTRUCCIONES:

1. Analice lo que dice el apóstol Pablo en los pasajes de 2 Corintos 5:19-20 y luego escriba en sus propias palabras una declaración de su misión personal como pacificador o pacificadora. Comparta su respuesta con el resto de alumnos.
___
___
___

2. ¿Conoce personas que no tienen paz, que viven con miedo? ¿Cómo haría para comunicarles el mensaje de Jesús en Juan 14:27 y que puedan experimentar esta paz de que habla el Señor? Comparta su respuesta con el resto de la clase.
___
___
___

3. En grupos de 3 a 4 integrantes seleccionen varias noticias de su país actuales (impresas o en línea) que presenten algunas situaciones que están quebrantando la estabilidad y la paz. Analícenlas en grupo y luego respondan:

a. ¿Hay jóvenes implicados en estas situaciones? ¿Cómo afectan su vida y su desarrollo?
___
___
___

b) ¿Cómo pudo evitarse estas situaciones? ¿Quiénes tienen la capacidad de llevar la paz en medio de estos conflictos?
___
___

c) ¿Hay algo que pudimos hacer y no hicimos? ¿Qué hubiera hecho un pacificador o pacificadora?
___
___
___

d) ¿Cómo vamos a comprometernos para ser pacificadores en medio de estos conflictos?
___
___
___

Notas

Lección 6

TODOS SOMOS NECESARIOS

Objetivos

- Comprender que cualquiera que sea su don o talento puede servir a Dios.
- Valorar la unidad como parte de nuestro servicio.

Ideas Principales

- Todos somos únicos y útiles para Dios.
- Es necesario esforzarnos para ser unidos y usar nuestras capacidades para Dios.

Introducción

La autora de esta lección, Arely Coyoc narra este testimonio:

"Hace tiempo, estuve en la lista donde profesores del Instituto Nacional de Bellas Artes llevaron a cabo una audición de un grupo de jóvenes para formar la Orquesta de Selección del Estado. Quedé seleccionada. Así, muy contenta iba a los ensayos, pero conforme pasaba el tiempo me di cuenta que cada día eran más exigentes y nunca olvidaré lo que el Director nos decía: Mucha gente se puede dar el lujo de faltar, pero ustedes como seleccionados son únicos, necesarios e indispensables; si uno de ustedes falta al ensayo no podemos avanzar, la sinfonía no está completa cuando falta un instrumento."

Así como en una orquesta son necesarios todos sus instrumentos, así dentro del servicio a Dios todos hemos sido seleccionados y es necesario que todos estemos sonando con nuestros dones y talentos. En Efesios 4:1-16 hay mucho que aprender respecto a esto.

Tocamos la misma sinfonía

En esta sección vamos a ver que significa "tocar la misma sinfonía"

Sinfonía:
Conjunto de voces, de instrumentos, o de ambas cosas, que suenan acordes a la vez.

Pablo nos explica algo realmente claro e interesante en el pasaje de Efesios 4:3-6. Esforzarnos por mantener la unidad, quiere decir que debemos estar dispuestos y tener cuidado de lo que hacemos o decimos, ya que cuando hay división la obra de Dios no puede avanzar y, por lo tanto, no hay paz.

Los miembros del Cuerpo de Cristo somos uno, hemos sido llamados a una sola esperanza. Debemos olvidar enemistades, odios, prejuicios, aun en los grupos juveniles para poder tocar la misma sinfonía. Si no hacemos lo posible por estar bien con nuestros hermanos, mucho menos estaremos reconciliados con Dios.

Somos instrumentos diferentes

En esta sección vamos a apreciar nuestras diferencias.

En Efesios 4:7-11 podemos ver que Dios ama la diversidad. Arely comenta: *"Cuando doy clases de canto y escucho voces en potencia, me doy cuenta de lo asombroso que es Dios al darnos a cada uno un timbre o color diferente de voz, por más que imitemos una voz, jamás podrá ser igual y así sucede con muchos jóvenes, quieren ser iguales a, o imitar a, y se olvidan de su esencia, de su valor."*

La Palabra de Dios dice: *"Pero a cada uno de nosotros se nos ha dado gracia en la medida en que Cristo ha repartido los dones"* (Efesios 4:7). Analicemos un poco acerca de este pasaje:

1. Los dones son por gracia

Pablo no habla aquí de la gracia que trae salvación a todos (Tito 2:11), sino de la gracia que otorga oficios, dones, ayudas y talentos a los miembros del cuerpo.

2. Conforme a la medida del don de Cristo

Pablo dice en 1 Corintios 12:11: *"Todo esto lo hace un mismo y único Espíritu, quien reparte a cada uno según él lo determina."*

3. Las medidas son diferentes

En la parábola de Jesucristo en Mateo 25:15 afirma: *"A uno le dio cinco mil monedas de oro, a otro dos mil y a otro solo mil, a cada uno según su capacidad. Luego se fue de viaje."* Los talentos en esta parábola representan las oportunidades que Dios nos da, conforme a nuestra capacidad.

Muchas veces perdemos tantas oportunidades de servir y desarrollar nuestros dones y talentos tan solo por miedo o por pensar que otro joven hace las cosas mejor que uno. Y ese no es el punto. Lo verdaderamente esencial es que podamos reconocer que a pesar de que somos instrumentos diferentes (Efesios 4:11), es decir, que tenemos diferentes funciones, dones, talentos, edades, estudios, carreras, actitudes y capacidades diversas para Dios, todos emitimos un sonido hermoso, así como una diversidad de instrumentos musicales, siempre y cuando lo hagamos con amor a Dios.

"La unidad es la variedad, y la variedad en la unidad es la ley suprema del universo" (Isaac Newton).

Si hay algo que realmente nos debe apasionar es entender que Dios nos hizo realmente únicos, ¡Dios ama la diversidad!

Lección 6 - Todos somos necesarios

Perfeccionemos nuestro sonido

Ahora conoceremos otro aspecto de igual manera necesario para servir a Dios.

> "Yo hago lo que tú no puedes, y tú haces lo que yo no puedo. Juntos podemos hacer grandes cosas"
> (Madre Teresa de Calcuta).

Arely comenta: *"Recuerdo muy bien cuando tuve por primera vez en mis manos un violín, era mi anhelo poder tocarlo profesionalmente, pero al darme cuenta que no era tan fácil empecé a desesperarme; cuando quería practicar en casa, mis hermanos me callaban por el ruido estruendoso que hacía con el violín al practicarlo; muchas veces quise desistir, pero fui perseverante y con el paso del tiempo logré un sonido hermoso."*

Reflexionemos lo que dice al respecto Efesios 4:12-14. En primer lugar dice: *"A fin de capacitar al pueblo de Dios para la obra de servicio, para edificar el cuerpo de Cristo."* Así como un músico debe perfeccionar el sonido de su instrumento para ser mejor, así nosotros tenemos que seguirnos capacitando. Muchos adultos dejan de servir en las iglesias porque se sienten incapaces de estar a la altura de los nuevos retos, esto debido a que en algún momento dejaron de capacitarse y de aprender.

Que no nos suceda lo mismo. Desde nuestra juventud debemos buscar cada día capacitarnos mejor para la obra de Dios, en todo lo que podamos, siempre hay cosas nuevas que aprender, siempre guardando una actitud de humildad y sencillez.

Recordemos que capacitar significa "equipar, perfeccionar, poner en orden, arreglar, ajustar, preparar para algún servicio, fortalecer y hacer de uno lo que debe ser."

La gloria y los aplausos son para el director

Ahora vamos a comprender que Dios debe ser el honrado en todo.

Concertino:
Violinista primero de una orquesta, encargado de la ejecución de los solos.

En un concierto de orquesta sinfónica siempre a la primera persona que se le aplaude al iniciar y al terminar el concierto es al director, después al concertino y luego a todos los músicos.

Jesucristo es el director y cabeza de la Iglesia: *"Más bien, al vivir la verdad con amor, creceremos hasta ser en todo como aquel que es la cabeza, es decir, Cristo"* (Efesios 4:15). Así que nosotros debemos recordar que Dios debe ser siempre el primero en recibir el honor en todo lo que hacemos.

Nunca debemos olvidar quién merece todo honor y toda gloria; el día que decimos apropiarnos de la gloria, quizás nos haga sentir una satisfacción momentánea, pero si no ponemos a Cristo primero, nada nos llenará por completo... ¡Ni un millón de aplausos y ni un millón de *likes* en tus redes sociales!

El apóstol Pablo nos anima a *"vivir la verdad con amor"*, aferrémonos al amor y *"crezcamos en todo"*, es decir, integralmente en las virtudes enseñadas y ejemplificadas por Jesucristo.

Es necesario crecer como siervos, ya que Cristo nos ha capacitado para toda buena obra. Así serviremos honrando a Cristo y dándole a Él toda la gloria: *"Y todo lo que hagan, de palabra o de obra, háganlo en el nombre del Señor Jesús, dando gracias a Dios el Padre por medio de Él"* (Colosenses 3:17).

No importa qué instrumento seas

Ahora veremos lo valioso del aporte de cada uno.

Arely recuerda: *"En la orquesta siempre solíamos hacer bromas a las personas que tocaban instrumentos de percusión porque, al parecer, eran los más fáciles –como el triángulo, las claves, el pandero o las campanas, según la partitura lo pidiera; pero el director siempre reconocía lo valioso que era ese sonido cuando la partitura lo requería, porque le daba vida a la música."*

De la misma manera hay muchos adolescentes y jóvenes que se sienten menos por no tener los talentos o dones que son más apreciados o reconocidos por la iglesia, jóvenes que se sienten relegados por no ser parte de algún ministerio. Pero Dios a todos nos ha dado un potencial y, por más sencillo que parezca, es realmente importante.

Hay jóvenes que en su adolescencia servían a Dios con todas sus fuerzas pero luego cuando ya están en la universidad le dan prioridad al estudio y descuidan su servicio, dones y talentos para Dios, y se excusan diciendo que tienen tarea y compromisos y no tienen ni una hora para Dios más que los domingos. Hay también jóvenes que ya son profesionistas, y por el trabajo y responsabilidades piensan que ahora en la iglesia hay puros adolescentes y que no tienen nada que hacer en el grupo, cuando en realidad pueden ser de mucha ayuda para ellos, dando sus consejos, su apoyo y oración. ¡No es saludable que se alejen del grupo!

Hay jóvenes que han olvidado y perdido el gozo de su salvación (Salmo 51:12) porque en la universidad les han hecho creer a través de tantas filosofías que Dios no existe, que Jesús no murió por nosotros y muchos pensamientos más, al grado que se olvidan y descuidan una salvación tan grande y el mensaje glorioso de la cruz les deja de importar.

Esta es una gran mentira de Satanás, porque él quiere ver jóvenes ocupados en cualquier otra cosa, menos usando sus dones y talentos para Dios; quiere ver jóvenes que antes servían con sus vidas a Dios, desperdiciarla en el mundo, en los bares y en tanta pobreza espiritual. ¿Qué haremos al respecto?

La Palabra de Dios dice: *"Por su acción todo el cuerpo crece y se edifica en amor, sostenido y ajustado por todos los ligamentos, según la actividad propia*

Al contrario, el amor debe hacernos decir siempre la verdad, para que en todo lo que hagamos nos parezcamos cada vez más a Cristo, que es quien gobierna la iglesia. Cristo es quien va uniendo a cada miembro de la iglesia, según sus funciones, y quien hace que cada uno trabaje en armonía, para que la iglesia vaya creciendo y cobrando más fuerza por causa del amor (Efesios 4:15-17 TLA).

de cada miembro" (Efesios 4:16). Todos somos necesarios según nuestra actividad, según los dones y capacidades que Dios nos ha dado. No importa lo que hagamos o qué tan humilde o poco importante pueda parecer ese servicio, aunque hablando espiritualmente solo toques el triángulo, el pandero, claves o campanas, si eso que sabes hacer para Dios lo haces con todas tus fuerzas y dándole la gloria a Él, sin duda será una melodía hermosa delante de Dios y muchos más.

La obra de los evangelistas y los pastores es muy importante, pero se requiere el funcionamiento adecuado de cada miembro (Ef. 4:15-16). Esto es lo que produce el crecimiento del cuerpo de Cristo (la iglesia). ¡Necesitamos unirnos!

Cristo proporciona el alimento para el crecimiento; Él da vida y fuerza a su cuerpo. Cada miembro es como un canal de gracia para alimentar a los demás. El alimento recibido de Cristo pasa de un miembro a otro si el cuerpo está *"bien concertado y unido en amor"* (Ef. 4:16 VRV 95). Aquí está la clave: Si todos crecemos y nos edificamos en amor, si nos sostenemos como hermanos y cada quien hace lo que tiene que hacer, sin duda cosas hermosas sucederán porque hay unidad, porque para servir a Dios ¡todos somos necesarios!

Ideas para servir en tu iglesia

Ahora veremos unas ideas para servir.

Servir a Dios es una experiencia maravillosa. Vamos a ver a continuacion unas ideas de las muchas que hay para poder servir en la iglesia y fuera de ella usando los dones y talentos.

Un evento de evangelización urbana.

- √ Dibujo: Pueden unirse y dibujar carteles con arte urbano donde proclamen el nombre de Dios y salir a compartirlas a los parques, autobuses, escuelas, etc.

- √ Pantomima y teatro: Pueden organizar un sketch adecuado para la necesidad que hay en la juventud y presentarlo en algún parque.

- √ Diseño y maquillaje: Pueden encargarse de maquillar y diseñar ropa a todos los mimos o personajes del sketch.

- √ Músicos: Pueden ensayar canciones con enfoque evangelizador, buscar un lugar estratégico para que los jóvenes en la calle los escuchen y ahí tener el concierto con ropa adecuada para el evento.

- √ Enseñanza: Pueden dar clases gratis de apoyo escolar u otros temas a la comunidad para alcanzar más jóvenes para Cristo.

- √ Cocina y repostería: Pueden organizar una venta, exponiendo todos sus platillos favoritos, que sirva para recaudar fondos para más proyectos juveniles.

- √ Deporte: Pueden elaborar proyectos de alcance en la comunidad para ganar a jóvenes para Cristo.

- √ Patrocinio: Pueden buscar un patrocinador que les proporcione uniformes y cada mes realizar un encuentro deportivo y evangelización.

- √ Manualidades: Pueden organizar clases para la gente de la comunidad, a fin de hablarles del amor de Dios.

- √ Compasión: Pueden juntar ropa, juguetes, útiles escolares y llevarlos a un orfanatorio u hospital de niños y hablarles a los pequeños del amor de Dios.

- √ Otros pueden ser: Decoración, música, predicación, presidir, aconsejar, compartir sonrisas, abrazos, compasión, sonido, manejo de equipos, entre muchos otros.

¡Hay tantas cosas por hacer y lo bueno es que cada joven está lleno de ideas originales y hermosas! Pongamos todas nuestras ideas en práctica y al servicio de Dios y, sin duda, serán de gran bendición e impacto a nuestra comunidad e iglesia.

Ninguno de nosotros es tan bueno como todos nosotros juntos (Ray Kroc).

¿Qué Aprendimos?

Todos somos necesarios, únicos y valiosos para servir a Dios. No importa cuál sea mi don o talento, todos y cada uno de ellos es importante si lo ponemos en las manos de Dios. Cuando hay unidad en el cuerpo de Cristo podemos hacer más cosas para su gloria.

Lección 6 - Todos somos necesarios

Actividades

Tiempo 20'

INSTRUCCIONES:

1. ¿Cuáles talentos y dones has identficado en tu vida?
___
___

2. Piensa en aquellas habilidades y dones que no estás usando para servir a Dios actualmente. ¿Qué idea viene a tu mente para utilizarlas de manera que den gloria a Dios y sean de bendición a otras personas?
___
___
___
___

3. Toda la clase realicen un "Rally de talentos". Divídanse en grupos de 3 a 4 integranes que competirán entre sí. Escojan 2 entre los siguientes retos donde se necesitará emplear diferentes talentos y capacidades:

    a. Cada equipo hará una escultura con plastilina y con un énfasis cristiano.

    b. Cada equipo debe componer una canción breve con mensaje cristiano.

    c. Tomarse una foto artística con mensaje cristiano como para compartir en las redes sociales.

    d. Dibujar un cartel o afiche evangelizador con crayolas o plumones.

    e. Diseñar un programa para una actividad evangelística que sea creativo, incluyendo temas, decoración, actividades, entre otros.

    f. Presentar una idea para motivar a los jóvenes que ya no asisten a las reuniones juveniles.

Al final del rally se dará la puntuación por reto, es decir, todos ganan; quizá un equipo ganó en la escultura y otro en la canción, eso no importa, lo que sí es importante es que valoren y conozcan sus habilidades.

Lección 7

Peligros en el Liderazgo

Objetivos
- Reflexionar sobre los riesgos que se presentan en el liderazgo.
- Tomar conciencia de la vulnerabilidad del líder cristiano.
- Identificar estrategias para enfrentar los peligros.

Ideas Principales
- La belleza y satisfacción de servir a Jesús liderando jóvenes no está exenta de peligros.
- Un líder es responsable por el cuidado de la vida de otros y debido a su función e influencia es principalmente responsable por su propio desarrollo espiritual.

> "Tú, por el contrario, sé prudente en todas las circunstancias, soporta los sufrimientos, dedícate a la evangelización; cumple con los deberes de tu ministerio" (2 Timoteo 4:5).

Introducción

En enero 18 de 2013, una entrevista realizada a Lance Armstrong (siete veces ganador del Tour de Francia) en el programa de Ophra Winfrey dio la vuelta al mundo. El hasta entonces mejor ciclista de todos los tiempos confesó que había consumido sustancias prohibidas, las cuales le dieron una ventaja sobre los otros competidores. ¡Qué tristeza y cuán grande decepción! Una persona que había sido ejemplar, fundador y líder de una asociación de lucha contra el cáncer, confesando que todo su éxito deportivo era una farsa.

Pero Armstrong no es el único que sucumbe ante la seducción del éxito, el poder, la fama y los halagos. Historias tristes como las de Diego Armando Maradona en el futbol, Richard Nixon en la política, la compañía Enron en los negocios, Ben Johnson en el atletismo y muchos otros más en todos los ámbitos de la vida. ¿Por qué un influyente líder puede perderlo todo?

Lo atractivo del ministerio

En esta sección hablaremos sobre lo que significa estar en la vidriera.

¿Conoces el caso de algún líder del ámbito político, deportivo, social, etc. que cayó en la seducción del poder y el dinero fácil? ¿Cómo afectó su debilidad a su familia y las personas de su influencia?

Servir a Dios es ante todo un privilegio, no existe nada mejor que el joven dedique su vida al Dios de amor y soberano Señor. Cuando comienza a involucrar a otros y gustar de las bendiciones que Dios derrama, su corazón se alegra y desea con más ahínco propagar el mensaje y motivar a más jóvenes a hacerlo. Pronto comprueba que la promesa de Dios se vuelve realidad y le glorifica porque comprueba que Su Palabra no vuelve vacía sino que cumple el propósito en la vida de quienes la reciben.

Pero cuando se está en alguna posición de liderazgo, se debe tener presente que existe un atractivo, una especie de fascinación en los colaboradores y seguidores que impacta en la humanidad del líder, la carnalidad es sensible ante el reconocimiento, la gratitud y los halagos. Las personas toman en cuenta su opinión, le miran con respeto y desean estar cerca de él o de ella, contar con su aprobación y hasta agradarle.

Como si eso no bastase, el poder y el dinero pueden constituir una combinación altamente corrosiva para la ética y la moral cristianas. No importa las cantidades de personas o los números del presupuesto a ejercer, el riesgo es el mismo en un ministerio de cinco personas como en otro mayor.

Un blanco codiciado

Ahora identificaremos al autor de las trampas para cazar líderes desprevenidos.

La Biblia nos dice que nuestro adversario el Diablo busca a quién devorar, y durante esa búsqueda se enfoca en nuestros deseos más íntimos. Cada persona es tentada de acuerdo con sus propios deseos (Santiago 1:14). Con esta estrategia, el enemigo ha conseguido tener más éxito en su despreciable labor. Al impactar al líder se produce un efecto dominó, donde las consecuencias se van sucediendo según la proximidad e influencia del líder con sus colaboradores.

Las tácticas usadas por Satanás son tan diversas como sutiles: reconocimientos, halagos, adulación, seducción. Satanás prueba una cosa por vez, experimenta con las necesidades individuales y los sentimientos que buscan satisfacción; intenta encontrar aquel aspecto frágil, el momento oportuno para tender la trampa.

La Biblia compara la estrategia del Diablo con la un león rugiente que acecha a su presa (1 Pedro 5:8). Los documentales sobre los grandes felinos han puesto en evidencia que el león, como buen depredador, examina sus opciones antes de atacar, escoge su presa y prioriza aquellas que están más débiles, frágiles, solas, o que están distraídas, o que no tienen mucha experiencia.

Un líder de ministerio que tiene ascendencia sobre sus seguidores y colaboradores, que además ofrece tangibles debilidades en su formación espiritual, es un blanco perfecto.

Entonces ¿cuáles son aquellos riesgos en que el líder debe poner especial atención?

"Practiquen el dominio propio y manténganse alerta. Su enemigo el diablo ronda como león rugiente, buscando a quién devorar" (1 Pedro 5:8).

Riesgo 1: Simular lo que no es

En esta sección develaremos la primer trampa de Satanás para los líderes.

Un verdadero líder inspira a otros. Posee ese don de provocar en otros el deseo de imitarlo. A veces no necesita hablar, su ejemplo impacta a las personas que son movidas a seguirle. El líder de ministerio que se deja guiar por el Espíritu va dejando una estela de aliento en el alma de sus seguidores;

Lección 7 - Peligros en el liderazgo

en cierto sentido materializa una imagen accesible de lo que un cristiano debe ser.

Sin embargo, debe tener cuidado de que esa imagen que va creando no se convierta en el objetivo de su vida o ministerio; es decir, el perfil que proyecta debe ser el reflejo de su andar bajo la dirección divina, por tanto, este cuidado debe enfocarse en el hecho de vivir una relación estrecha con Jesús.

Todo ministerio cristiano está basado en el servicio a otros, cuando la imagen del líder ocupa un lugar preponderante, se corre el riesgo de perder el enfoque, reemplazando el servicio a otros por la reputación del líder. Es entonces cuando se está más cerca de hacer lo indebido para cuidar una falsa imagen.

Cercanía de Dios trae parecido a Dios. Cuánto más veas de Dios, más de Dios será visto en ti (Charles Spurgeon).

El líder debe saber que no está obligado a ser perfecto en el concepto tradicional de perfección, el que se confunde con infalibilidad. Está llamado a ser perfecto en el andar diario con Dios, que consiste en estar completo en Él y vivir en una búsqueda incesante de la plenitud del Espíritu. El perfil del líder modelo incluye una dependencia absoluta en el poder de Dios.

El líder auténtico enseña a otros cuán necesitado está de la gracia divina todos los días de su vida. El Señor cumple su promesa en los líderes que viven en esta contínua dependencia de Él, otorgando de su gracia a los humildes (Santiago 4:6).

Riesgo 2: La atracción sexual

Ahora veremos la trampa maligna de la atracción sexual.

La sociedad en la que vivimos se ha vuelto profundamente sensual, la exposición de los cuerpos femenino y masculino dejó de ser sugestivo para mostrase de modo abierto y sin censura alguna; basta dar un vistazo a los videos más recientes de artistas como Madonna, Rihanna, Miley Cyrus y Lady Gaga, entre otros. En la actualidad todos somos sometidos constantemente a manipulación por parte de los medios de comunicación que utilizan los apetitos sexuales para influenciar en nuestra moda, nuestro vestir y en nuestros valores.

¿Qué trampas usa Satanás para hacer caer a los líderes cristianos en pecados sexuales en tu contexto?

Durante el ejercicio del ministerio la interacción con personas del sexo opuesto es inevitable. Son muchos los ejemplos de excelentes líderes que cayeron en las garras de la seducción, la atracción física y la preponderancia de la satisfacción inmediata.

El líder necesita estar preparado para enfrentar esas interacciones, estando consciente que por naturaleza misma del liderazgo se vuelve una especie de imán que atrae a otros sin importar qué tan atractivo físicamente o agraciado intelectualmente se es.

Los casos de liderazgos fallidos debido a deslices sexuales son tan lamentables como frecuentes, sucedieron en el pasado y debemos reconocer que acontecerán más adelante a menos que cada líder:

√ Reconozca su vulnerabilidad.

√ Establezca reglas y las cumpla.

√ Priorice su relación con Dios y la vida devocional.

√ Valore su soltería o establezca una relación sana de noviazgo o matrimonio.

Riesgo 3: El éxito numérico a cualquier costo

En esta sección veremos equivocadas maneras de buscar el éxito ministerial.

Un líder responsable evalúa el desarrollo de su ministerio, sabe que el Señor vendrá pronto y entonces tendrá que dar cuenta de su mayordomía. Sin embargo, debe estar consciente que la valorización será integral y no solo de cantidades.

Los números son importantes, sin duda, pero no olvidemos que la evaluación será del ministerio, de la consecución de la misión, de la razón por la que ese ministerio fue establecido en la iglesia. La cuantificación forma parte del análisis, pero no es el único aspecto a considerar.

La evaluación del éxito de un ministerio debe enfocarse en el cumplimiento de su propósito, su misión.

Aquel que supone que las cosas van bien solo porque la asistencia ha aumentado, o porque son más las personas involucradas, tiene una vista muy corta y podría entrar en desesperación cuando el número disminuya. Bajo esa condición errada los líderes son tentados a inventar actividades, diluir el mensaje, priorizar la comodidad de los seguidores, tolerar prácticas pecaminosas y muchas otras cosas más solo para no ver menguar la cantidad de asistentes.

La gran comisión no es una competencia entre ministerios o iglesias, ni entre sus líderes. Juan el Bautista nos enseña cuán importante es tener claro el propósito de su misión y su ubicación dentro del plan de Dios cuando la evaluación numérica es realizada (Juan 3:26-30).

Riesgo 4: El manejo financiero

Ahora hablaremos sobre la trampa de una mala administración.

La tarea en un ministerio cristiano es ante todo una labor espiritual, pero es necesario atender las cuestiones financieras propias de su administración.

Existen por lo menos tres condiciones que un líder necesita conocer como base para una sana administración financiera:

1. Comprometer recursos personales: La pasión por el servicio en la obra del Señor impacta el destino de las posesiones del líder que está consciente que sirve al dueño de todo. Para crecer en la vida cristiana es necesario dar pasos de fe a través de los cuales se comprueba la fidelidad de Dios. Es importante mencionar que para llevar un ministerio perdurable no es recomendable que el líder adquiera deudas. Los líderes deben tener tiempos de oración y quebrantamiento del corazón ante el Señor para ser guiados en decisiones financieras trascendentes propias o referentes al desarrollo del ministerio.

¿Cuando no hay un manejo claro y transparente de las finanzas en el ministerio, cómo afecta la reputación de los líderes implicados?

2. Rendir cuentas: Un líder debe saber obedecer y sujetarse, esto incluye los aspectos financieros. Sin importar la cantidad ni el valor de los recursos que el propio líder aporta, este se encuentra obligado a presentar cuentas ante comités, juntas o líderes superiores. El hábito de rendir cuentas no es solo una cuestión de orden, sino que ayuda al líder a tener cuidado de su salud espiritual.

3. La mayordomía del diezmo: Ningún líder cristiano está excusado de cumplir su responsabilidad de dar al Señor la décima parte de sus ingresos. El diezmo no está sujeto a negociación ni intercambio, el diezmo es del Señor. El diezmar para sostener los ministerios de la iglesia es un privilegio no sólo de los líderes, sino de todos los auténticos cristianos.

Estrategias de prevención

Para finalizar veremos cómo evitar caer en estas trampas.

Ser un joven cristiano, de buen corazón, con buenos sentimientos, con gran entusiasmo, con interés genuino por los jóvenes y su ministerio no es suficiente para asegurar un liderazgo estable y duradero. Hace falta disciplina. La disciplina es una serie de medidas que se establecen para conseguir el éxito; es someterse a un orden o proceso que cumpliéndose en cada paso darán como consecuencia el resultado esperado (1 Corintios 9:26-27).

El cumplimiento de sencillas reglas autoimpuestas por el líder de ministerio serán las mejores medidas de prevención para el desarrollo de un liderazgo sano, fructífero y perdurable. A continuación se incluye un ejemplo, sin embargo cada líder habrá de escribir la suya personalizada:

1. Realizar el devocional personal diario.

2. Llevar un plan de lectura bíblica.

3. Reservar tiempo de oración en la agenda.

4. Evitar actividades a solas con personas del sexo opuesto.

5. Presentar un informe mensual de las finanzas del ministerio a la junta de la iglesia.

6. Vivir una vida transparente.

7. Buscar la comunión con la iglesia asistiendo a los cultos regulares.

8. Cumplir fielmente con el diezmo.

9. Priorizar a las personas sobre las actividades.

10. Nunca perder el enfoque en cumplir la misión a la que fuimos llamados.

Con pequeños pasos podemos alcanzar grandes distancias.

¿QUÉ APRENDIMOS?

Liderar un ministerio conlleva hermosas experiencias del poder de Dios y su inigualable amor, pero de ninguna manera incluye un carnet de inmunidad a las tentaciones y otros peligros.

Quien lidera es aún más responsable de su desarrollo espiritual; no se trata solo de organizar los esfuerzos del grupo ni de ordenar las estrategias o mantener el ánimo por el servicio a otros, es ante todo un ejemplo de cuán sediento se está de la frescura diaria del Espíritu de Dios.

Lección 7 - Peligros en el liderazgo

Actividades

Tiempo 20'

INSTRUCCIONES:

1. En grupos de 3 integrantes del mismo sexo respondan a la siguiente pregunta. Al escuchar cada pregunta, cada uno en el grupo responde con rapidez, la primer respuesta que venga a su mente. Hagan una lista de todas las respuestas y comparen las respuestas entre los grupos.

   a. ¿La exposición del cuerpo humano desnudo en afiches, películas, comerciales de TV y revistas es un asunto que afecta solo a los varones o también afecta a las mujeres?
   _____
   _____
   _____

   b) ¿Qué disciplinas debería imponerse un líder juvenil soltero a fin de cuidarse de tentaciones de tipo sexual? (Aplicar la pregunta a su mismo sexo).
   _____
   _____

2. En el cuadro abajo elabore su propia lista de normas para mantener saludable su ministerio. Después de completar la tarea piense en un líder o una líder de la iglesia con quien se reunirá semanalmente durante los próximos 3 meses para dar cuentas de estas disciplinas que se ha autoimpuesto. Anote el nombre de dicho líder, quien será responsable de preguntarle si cumplió con cada una de las normas cada semana.

Nombre:		Supervisor:												
Fecha:		Semanas												
Num	Reglas para cuidar mi Ministerio	1	2	3	4	5	6	7	8	9	10	11	12	13
1														
2														
3														
4														
5														
6														
7														
8														
9														
10														

Lección 8

RESOLUCIÓN DE CONFLICTOS

Objetivos

- Conocer las causas que originan las crisis ministeriales.
- Aprender a responder ante las diversas dificultades.

Ideas Principales

- Las personas que tienen responsabilidades se enfrentan a dificultades que deben resolver.
- El siervo líder debe responder proactivamente para resolver sus problemas.
- Para enfrentar y resolver dificultades el equipo ministerial necesita buscar y obedecer la voluntad de Dios.

Introducción

Las personas que sirven en un ministerio en la iglesia son propensas a enfrentar situaciones adversas que pueden provocarles temor, resentimiento, enojo o amargura. Es muy importante que el siervo líder sepa enfrentar esos problemas y aprender a salir de ellos sin afectar el ministerio y las personas que le rodean.

Presas del caos

En esta sección hablaremos de lo que provoca las crisis en la vida y los ministerios.

El simple hecho de vivir tiene sus dificultades, aún más si se toman responsabilidades como un ministerio en la iglesia. Aquel quien es capaz de tomar una responsabilidad, no debe esperar jamás hallarse sin dificultades.

Las dificultades tienen el potencial de convertirse en crisis. No siempre se pueden prevenir y esto radica en sus causas. Por ejemplo, las crisis pueden venir de las decisiones que toman otras personas, o bien, de las decisiones propias. En el segundo de los casos, las crisis pueden aparecer simple y sencillamente porque hemos tomado decisiones equivocadas o arriesgadas. Por ejemplo: Supongamos que debes entregar una tarea o asignación en tu colegio o trabajo; tienes un mes para entregarlo desde que te avisaron, pero decidiste que tenías tiempo para hacerlo y dejaste todo para el último momento. ¿Estarías en crisis cuando descubres que faltan solo dos días y no has avanzado mucho? Probablemente sí, pero ¿hiciste todo lo indicado para no encontrarte en esta situación? Definitivamente no.

Hay crisis mucho más severas, como la de una persona que se ha visto alcanzada por un puño de mentiras sucesivas durante toda su vida hasta dejarlo sin salida, y, como consecuencia, pierde su familia, trabajo o reputación. Pero en cuanto dependa de nosotros, muchas de las crisis podemos evitarlas si tomamos buenas decisiones.

La crisis es la mejor bendición que puede sucederle a personas y países porque la crisis trae progresos (Albert Einstein).

Sin sombra de duda, las decisiones que tomamos afectan la vida de terceros. Alguien puede encontrarse en dificultades cuando otro toma una serie de decisiones que le afectan directamente. Piensa, por ejemplo, en un jefe o director de una empresa que ha decidido recortar personal por el mal estado financiero. En este caso, habrá personas que quedarán sin empleo aunque sean muy buenos empleados. Existen decisiones en otros niveles que afectan a toda una ciudad o nación. Todos los días los líderes toman decisiones que afectan a toda una población y no pocos ciudadanos experimentan crisis que afectan toda su vida.

En fin, las crisis están presentes todo el tiempo. Sean por una u otra causa. La aventura de vivir trae consigo cada día más de una de ellas. Es obvio que entre mayor sea el grado de responsabilidad que adquiere una persona, mayor será el riesgo de que una crisis tenga lugar en su vida. Pero vale la pena preguntarse ¿Cómo enfrentarse a esa crisis? ¿Qué provocan en la persona que las vive?

Los chinos utilizan dos pinceladas para escribir la palabra "crisis". Una pincelada significa "peligro" la otra "oportunidad". En una crisis toma conciencia del peligro pero reconoce la oportunidad (John F. Kennedy).

Proactivos antes que reactivos

Ahora hablaremos de cómo enfrentar las crisis.

En su libro "Los 7 hábitos de la gente altamente efectiva" Stephen Covey señala que la proactividad es la manera saludable de enfrentar las situaciones que nos rodean (2003, p. 42). Ser proactivo es tomar las riendas de nuestra vida. Es actuar por las decisiones y no por las circunstancias, aun cuando estas sean adversas. Por el contrario, las personas reactivas, actúan según las circunstancias que les rodean y así son dominadas por ellas. Cuando un líder está en medio de una crisis, debe elegir actuar proactivamente y tomar decisiones que le permitan enfrentar la situación y salir pronto de ella.

Proactivo: *Que toma activamente el control y decide qué hacer en cada momento, anticipándose a los acontecimientos.*

En la Biblia existen historias que pueden ayudar a esclarecer cómo debe actuar un líder frente a una crisis. En 2 Reyes capítulos 22 y 23 se relata una historia de un siervo líder que enfrentó una situación de crisis muy difícil de una forma proactiva. Se trata del rey Josías. Este rey de Judá se mantuvo fiel a Dios aunque vivió en una época de descomposición moral y religiosa. Por el contrario, Manasés (2 Reyes 21:1-6) y Amón (2 Reyes 21:20-22), reyes anteriores a Josías, hicieron todo lo posible por alejarse del Señor.

Cuando Josías tenía tan solo ocho años de edad subió al trono a causa del asesinato de su padre Amón (2 Reyes 21:23), pero no fue hasta que cumplió veintiséis años que pudo percatarse de la crisis en la que vivía el pueblo. ¡Pasaron dieciocho años para que Josías pudiera enfrentar una crisis cuyo resultado final sería la caída de Jerusalén! No obstante, al tomar conciencia de las palabras del libro de la ley encontrado por el sumo sacerdote Jilquías (2 Reyes 22:8), actuó proactivamente. De inmediato ordenó consultar al Señor. La respuesta no se hizo esperar, la crisis había estallado, el pueblo de Judá había sido juzgado por Dios. La ruina estaba anunciada.

Josías tomo conciencia de la crisis y el caos que le rodeaba a partir de la lectura del Libro de la Ley. Sin embargo, obediente a la Escritura, la reacción de Josías fue renovar el pacto (2 Reyes 23:3). Después de esto ordenó al pueblo deshacerse de todo objeto y persona consagrada a dioses ajenos (2 Reyes 23:4-7). Posterior a todo ello, celebró la Pascua como nunca antes se había festejado desde la época de los jueces (2 Reyes 23:21-22).

*El **Libro de la Ley** es lo que se conoce como la Torá o los cinco libros del Pentateuco.*

Si Josías hubiese actuado según las circunstancias, haciéndose la víctima y repartiendo culpas a sus antepasados, seguramente hubiera visto su ruina y la del pueblo; pero al tomar las riendas de la situación y seguir el consejo de las Escrituras, pudo volver el corazón del pueblo hacia Dios. Esto es lo que hace un líder, es consciente de sus circunstancias, afronta la crisis y busca al Señor de todo corazón.

Josías se dio cuenta a tiempo de la crisis que estaba viviendo el pueblo. Esta historia nos enseña que podemos estar navegando en medio de una crisis sin ser concientes de ella, como los primeros dieciocho años del reinado de Josías. Es muy importante escuchar la voz de Dios por más que se crea que las cosas marchan bien.

Todos los líderes son responsables de buscar la guía de Dios para encontrar solución a las crisis que encuentran y así guiar al pueblo en el mejor camino de solución.

Daños a terceros

En esta sección veremos como las crisis pueden dañar las relaciones del líder.

La forma en la que se hace frente a las circunstancias y sus dificultades determina el resultado final y sus consecuencias. Se debe tomar en cuenta que las crisis tienen la característica de dañar las relaciones de amistad y el trabajo en equipo. En el servicio a Dios es frecuente encontrarnos con situaciones que ponen en entredicho la relación con las personas. Por ejemplo, un joven pastor tiene que enfrentar una situación que pone en disputa a dos familias pilares de su iglesia. Una de ellas ha entrado en la sinrazón y le ha pedido al pastor que intervenga a su favor. Si el pastor actúa justamente, y esta familia se encuentra renuente ante su decisión, definitivamente afectará el rumbo de la situación con el riesgo de que afecte a toda la congregación. Lo peor sería obviar la situación, eso no hace más que arraigar una crisis que tarde o temprano dejará ver sus terribles frutos. Es ineludible enfrentar la situación por más difícil que sea. El siervo líder debe afrontar la situación con valentía pero con justicia.

Es en la crisis que nace la inventiva, los descubrimientos y las grandes estrategias (Albert Einstein).

Decisiones incómodas como esta del ejemplo, que suelen ser parte del ministerio, pueden llegar a dañar las relaciones personales. Quienes están involucrados son afectados en todos los ámbitos de su vida. Los problemas involucran todo nuestro ser, emociones, pensamientos y relaciones.

Es muy importante saber conducirse con sabiduría de Dios en estos casos. La vida de Josías es una gran lección. Él no se encontraba en una situación menor, pero decidió hacer lo mejor. En primer lugar, lo que hizo fue escuchar lo que dice el libro de la ley (2 Reyes 22:11), es decir, obedecer la voz de Dios, después sucesivamente buscó consejo (2 reyes 22:13), renovó el pacto (2 Reyes 23:3), atacó el problema de fondo de manera inmediata (2 Reyes 23:4-15) y celebró la pascua (2 Reyes 23:22), es decir rindió adoración. De ninguna manera esta es una receta para enfrentar todas las crisis, pues cada problema tiene su particularidad. Además, debemos recordar que hay que considerar las actitudes de las personas que nos acompañan en la crisis. Allí radica el asunto, ¡debemos ser obedientes a la voz de Dios sin importar las consecuencias! Sin embargo, debemos ser concientes de que nuestras decisiones, cualesquiera que sean, afectarán para el bien o mal de las personas involucradas. Es por esto que tenemos la responsabilidad de estar seguros de hacer lo correcto. Para ello, debemos estar en una relación plena e íntima con Dios y permitir que Él nos muestre sus planes para el grupo del que somos responsables.

Los problemas involucran todo nuestro ser. También las soluciones.

La respuesta de Josías ante la crisis tocó el corazón de Dios. Aunque los pecados de Judá fueron terribles, Dios le permitió a Josías no observar la destrucción de Jerusalén. El corazón de Josías fue recto, justo y sensible. Sus decisiones llevaron al pueblo a la reconciliación con Dios. Seguramente no fue fácil, pues debió haber tocado intereses de las personas que se beneficiaban con la situación de idolatría del pueblo. Pero la determinación de Josías por agradar a Dios fue más fuerte.

No somos héroes solitarios

En esta sección veremos que debemos liderar sirviendo a la gente.

Dietrich Bonhoeffer dijo: *"La suprema cuestión de la responsabilidad no estriba en saber cómo logro salir airoso de forma heroica, sino en cómo podrán seguir viviendo las siguientes generaciones."* Lo que este teólogo alemán escribió quiere decir que la responsabilidad tiene que ver con la satisfacción de servir a otros y poner en la balanza nuestros intereses desde la perspectiva de aquellos a los que servimos. La responsabilidad en el servicio a Dios no se trata de mí y de mis capacidades, sino de cómo esas capacidades sirven, alientan y resuelven los problemas para beneficio de quienes me rodean.

"La suprema cuestión de la responsabilidad no estriba en saber cómo logro salir airoso de forma heroica, sino en cómo podrán seguir viviendo las siguientes generaciones" (Dietrich Bonhoeffer, 1906-1945).

Los héroes de la fe no actuaron por sus propios intereses. Todos hicieron lo que debían hacer por el bien de la comunidad a la que pertenecían. Jesús mismo puso su vida por beneficio de todos. Muchos de ellos enfrentaron crisis muy severas. Sin embargo, salieron triunfantes y ejercieron gran influencia. Muchos adquirieron respeto y cariño del pueblo. Otros, sin embargo, fueron maltratados o asesinados, o fueron prófugos por cavernas y montañas (Hebreos 11:37). Enfrentar una crisis no es cosa menor, se requiere de mucha valentía y determinación. Significa defender los intereses

"El gran amor del Señor nunca se acaba, y su compasión jamás se agota"
(Lamentaciones 3:22).

del reino de Dios, el cual no es una cuestión temporal situada más allá del cielo, sino que es espacial, es decir, es aquí y ahora, en nuestra área de responsabilidad, en el día a día de nuestros ministerios, en el servicio al prójimo y la ayuda al necesitado.

Gozo en la tormenta

Para finalizar veremos que hay esperanza en las crisis.

No nos quepa duda, las tormentas son aquellas compañeras incómodas del liderazgo. Pero no debemos sentirnos solos en medio de la crisis, el amor de Dios no nos dejará: *"Recuerda que ando errante y afligido, que me embargan la hiel y la amargura. Siempre tengo esto presente, por eso me deprimo. Pero algo más me viene a la memoria, lo cual me llena de esperanza. El gran amor del Señor nunca se acaba y su compasión jamás se agota"* (Lamentaciones 3:19-22).

No tengamos temor, reavivemos el gozo con el que tomamos la responsabilidad. Actuemos proactivamente, busquemos al Señor, en Él está nuestra fortaleza.

¿QUÉ APRENDIMOS?

Las crisis provienen tanto de nuestras propias decisiones, como de las que toman otras personas. Ante ellas tenemos que actuar proactivamente. Además no estamos solos en el ministerio, se debe echar mano al consejo de Dios y a todo el equipo de trabajo para salir de cualquier situación difícil.

Actividades

Tiempo 20'

INSTRUCCIONES:

1. En grupos de 3 a 4 integrantes discutan y respondan a las siguientes preguntas sobre la historia de Josías en 2 Reyes 22-23.

   a. ¿Por qué será que tuvieron que pasar dieciocho años para que Josías encontrara el libro de la ley?
   _____

   b. ¿Qué hacían Jilquías y Sofonías en el templo antes de encontrar el libro de la ley?
   _____

   c. ¿Qué consecuencias tuvieron las órdenes de Josías en cuanto a derribar todos los altares y deshacerse de los sacerdotes paganos?
   _____
   _____

   d. ¿Cómo se puede aplicar directamente este ejemplo en su ministerio?
   _____
   _____

2. En los mismos grupos identifiquen una crisis que afecta a la iglesia y/o a la gente de su comunidad. Luego examinen esa crisis respondiendo las siguientes preguntas:

   a. ¿Dónde o en quién se encuentra el origen de la crisis o problema?
   _____

   b. ¿A quienes afecta este problema?
   _____

   c. ¿Cómo puede agravarse y extenderse esta crisis si no se encuentra pronto una solución?
   _____

   d. ¿Cuál sería la solución que Dios propondría en esta situación?
   _____

   e. ¿Pueden encontrar una base bíblica para justificar su respuesta anterior?
   _____

   f. ¿Cómo debería comprometerse el equipo de trabajo ministerial en la solución de esta crisis?
   _____

Notas

Evaluación Final

CURSO: DEJANDO UN RASTRO

Nombre del alumno/a: _____
Iglesia o centro donde estudia: _____
Distrito: _____
Profesor/a del curso: _____
Fecha de esta evaluación: _____

1. Describa la relación entre liderazgo espiritual y servicio.
_____
_____
_____
_____

2. Mencione una de las trampas que Satanás pone a los líderes cristianos y cómo evitar caer en ella.
_____
_____
_____
_____

3. ¿Qué disciplinas y cualidades debe cultivar un líder para ser influyente?
_____
_____
_____
_____

4. ¿Qué aprendió en la practica ministerial del curso?
_____
_____
_____
_____

5. En su opinión ¿Cómo se podría mejorar este curso?
_____
_____
_____
_____

Bibliografía

Libros y conferencias:

Barclay, William. *Comentario al Nuevo Testamento, vol. 7 - Hechos*. Barcelona: Clie, 1994.

Bonhoeffer, Dietrich. *Resistencia y sumisión. Cartas y apuntes desde el cautiverio*. Salamanca, España: Sígueme, 2008.

Covey, Stephen. *Los 7 hábitos de las personas altamente efectivas*. México: Paidós, 2003.

Greathouse *Comentario Bíblico Beacon*. Kansas City: CNP, 1981.

Haggay, John Edmund. *Sea un líder influyente*. Grand Rapids: Portavoz.

Herrera, Adalberto. *A los pies del Maestro*. Berea.

Hurn, Raymond W. y otros. *Descubra su ministerio*. Kansas City: CNP, 1993.

Jim, George. *Guía de un joven para las buenas decisiones*. Grand Rapids: Portavoz, 2012.

Macchia, Stephen A. *Cómo lograr una iglesia sana*. El Paso, Texas: Mundo Hispano, 2002.

Mendoza de Mann, Lloyd y Wilma. *El discipulado, transferencia de vida*. Barcelona: CLIE, 1996.

Snyder, Graig. *Superado por su amor*. Eugene, Oregon: Harvest House, 2009.

Vásquez Lara, Gerardo. *Un Nuevo Amanecer*. Eugene, Oregon: Harvest House, 2007.

Vila & Escuain. *Nuevo Diccionario Bíblico Ilustrado*. Barcelona, CLIE, 2013.

Warren, Rick. *Liderazgo con propósito*. Miami: Vida, 2008.

Warren, Rick. *Una iglesia con propósito*. Miami: Vida, 1998.

Young, Paul. *The Shack*. New York: Hachette Book Group, 2007

Páginas web:

Arellano, Alejando y Carballo, Blanca. *El proceso de una investigación científica. En: Pensamiento de Sistemas*. Consultado 3 de diciembre de 2013 de: http://pensamientodesistemasaplicado.blogspot.mx/2013/03/el-proceso-de-investigacion-cientifica.html)

Entrepreneur. *20 grandes frases de trabajo en equipo*. Consultado 11 de abril de 2017 de: https://www.entrepreneur.com/article/268771

Frasecelebre.net. *Frases de crisis*. Consultado 11 de abril de 2017 de: http://www.frasecelebre.net/temas/sociedad/crisis.html

Frases cristianas 2010-2016. Consultado 11 de abril de 2017 de: http://frasescristianas.org/category/servicio/

Gobierno Federal de estados Unidos. Medicine Plus. *Circuncisión.* Consultado 11 de abril de 2017 de: https://medlineplus.gov/spanish/circumcision.html

Lumbrera. *66 frases explosivas de Leonard Ravenhill.* Consultado 11 de abril de 2017 de: https://lumbrera.me/2014/02/11/66-frases-explosivas-de-leonard-ravenhill/

Real Academia Española. 2017. *Apologética.* Consultado 11 de abril de 2017 de: http://dle.rae.es/?id=3EcrVBn

Real Academia Española. 2017. *Catalizador.* Consultado 11 de abril de 2017 de: http://dle.rae.es/?id=7u7a3hj

Real Academia Española. 2017. *Concertino.* Consultado 11 de abril de 2017 de: http://dle.rae.es/?id=A7rq7N9

Real Academia Española. 2017. *Desaprender.* Consultado 11 de abril de 2017 de: http://dle.rae.es/?id=CSYx8Cp

Real Academia Española. 2017. *Proactivo.* Consultado 11 de abril de 2017 de: http://dle.rae.es/?id=UDj79Cj

Real Academia Española. 2017. *Sinfonía.* Consultado 11 de abril de 2017 de: http://dle.rae.es/?id=XyJSJon

Real Academia Española. 2017. *Vindicar.* Consultado 11 de abril de 2017 de: http://dle.rae.es/?id=bqVQn8f

Seminario Reina Valera. *Homilética.* Consultado 11 de abril de 2017 de: http://www.seminarioabierto.com/homiletica00.htm

Waynepartain.com. *Comentario Bíblico. Notas sobre Efesios.* Consultado 10 de abril 2017 de: http://www.waynepartain.com/Comentarios/c704.html

www.ingramcontent.com/pod-product-compliance
Lightning Source LLC
Chambersburg PA
CBHW080942040426
42444CB00015B/3410